本书是2017年中国社会科学院大学(研究生院)校级课题"创业教育"的研究成果

经济管理学术文库·管理类

高校创业教育研究

University Entrepreneurship Education Research

赵 燕／著

经济管理出版社

ECONOMY & MANAGEMENT PUBLISHING HOUSE

图书在版编目（CIP）数据

高校创业教育研究/赵燕著．—北京：经济管理出版社，2020.1
ISBN 978 - 7 - 5096 - 7050 - 7

Ⅰ. ①高… Ⅱ. ①赵… Ⅲ. ①高等学校—创业—教育—研究—中国 Ⅳ. ①G647.38

中国版本图书馆 CIP 数据核字（2020）第 024296 号

组稿编辑：杜　菲
责任编辑：姜玉满
责任印制：黄章平
责任校对：陈　颖

出版发行：经济管理出版社
　　　　　（北京市海淀区北蜂窝 8 号中雅大厦 A 座 11 层　100038）
网　　址：www. E - mp. com. cn
电　　话：(010) 51915602
印　　刷：三河市延风印装有限公司
经　　销：新华书店
开　　本：720mm×1000mm/16
印　　张：13.75
字　　数：223 千字
版　　次：2020 年 5 月第 1 版　　2020 年 5 月第 1 次印刷
书　　号：ISBN 978 - 7 - 5096 - 7050 - 7
定　　价：78.00 元

目　录

绪　论

（一）研究背景

"建设教育强国是中华民族伟大复兴的基础工程，必须把教育事业放在优先位置，深化教育改革，加快教育现代化，办好人民满意的教育。"（习近平，2017）党的十九大报告明确提出了教育强国的建设目标，这是全体教育工作者的任务。高等教育位于各级教育的顶层，是培养高级人才的摇篮，而人才是一个国家走向富强的核心资源，没有优秀的人才资源，实现中华民族的伟大复兴，就无异于缘木求鱼。我国作为世界上人口最多的国家，也应成为人力资源的大国。

我国高等教育的规模居于世界前列。从 1999 年起，我国大学开始扩招，大学生的人数不断增加，使我国在较短的时间内完成了大学精英化到大众化的进程。高等教育作为人才培养与知识产业再生产的主要机构，是社会经济进步和发展的基地。美国社会学家德拉克曾指出："受过高等教育的人才是当今社会的核心资源。一个国家在经济、军事乃至政治方面究竟拥有多大的潜能，关键是看它拥有多少这样的高素质人才。"因此，我国要成为一个人力资源大国，培养出创新型、复合型的优秀人才，只有学生数量的增长是远远不够的，必须注重培养高校学生的创新能力、科研能力和创新实践能力；而提高创新能力的教育，离不开创业教育。

当前，随着国际经济形势的发展及中国改革开放的深入推进，中国的经济运行已经步入"新常态"。习近平总书记在 2014 年 5 月视察河南时曾指出："我国发展仍处于重要战略机遇期，我们要增强信心，从当前我国经济发展的阶段性特征出发，适应新常态，保持战略上的平常心态。"中国经济发展的新常态以 GDP 增长速度放缓、通货膨胀率上升和资产价格上行压力减弱为主要特征。2015 年 GDP 增速按可比价格计算，比上年增长 6.9%，创 25 年以来的新低，从中可以清楚地看到中国经济的发展态势由高增长转入中高速增长。

随着经济增长速度的回落，一个突出的问题摆在了广大高校师生面前，那就是大学生就业问题。随着我国高等教育由精英教育向大众教育的过渡，中国高等教育的扩张明显，大学生的毕业人数呈逐年增加的趋势，2016 年全国高校毕业生达到 765 万人，大学生就业形势更加严峻。为了应对大学生就业面临的压力，国家教育部发布了《关于做好 2016 届全国普通高等学校毕业生就业创业工作的通知》。该通知指出：高校毕业生是实施创新驱动发展战略和推进大众创业、万众创新的生力军，大学生自主创业事关经济发展和民生改善大局，要高度重视强化就业创业服务体系建设，提升大学生创业比例。同时，该通知强调指出，要进一步加大对高校毕业生创业教育和政策宣传，要把思想教育和毕业教育有机结合起来，把创新精神和创业意识的培养融入思想教育之中等。

目前在鼓励创新创业的政策背景之下，涌现出一波并不怎么以做好创业教育为目标的"创业热"的现象。过去，创新创业教育一般开设在商务管理类专业或者工科专业当中，前者侧重教学生如何发现商机、开办企业，后者侧重如何将所学知识进行创新以迎合市场的需求。近年来，国内各大高校大面积开设创业课程，面向的学生也从传统的商学院、工学院延伸至校内更多的学院。此外，将有创业意向的学生纳入一个班级进行类似企业家培训的创业班教育，是各大高校纷纷效仿的一种做法。一些走在改革前沿的高校甚至推出了用创业成果换学分等制度。许多高校无论是在硬件上还是在软件上都为创业学生铺好了绿色通道。在"大众创业、万众创新"的环境下，一大批创业导师走进高校，为大学生们带去了一场场精彩的演说。他们以生动实际的例子，以故事叙述的形式向学生传递创业很辛苦、创业需要创新等体会和理念，对学生而言，即使其职业目标不是做一个创业者，也对其人生发展有着较为积极的导向作用。然而，随着创业讲座进校园的井喷式发展，一些动机不纯的商人有了可乘之机，他们借用一些非正规机构颁发的创业导师证明，或挂空头公司 CEO、董事长的旗号混进高校，大谈其所谓的"成功学"。

创新与创业活动是一个社会经济发展的基础和核心（Sohumpeter，1936），承担着把科学技术转化为生产力的桥梁和纽带作用，已经日益成为各国经济发展的重要推动力。随着"走自主创新道路，建设创新型国家"战略的提出，我国开始把创新和创业提到国家战略的高度。在培育国家创新体系，营造创业环境的过程中，创业教育必须先行，只有通过开展创业教育工作，才能培养出具有创新意识和创业精神的人才，从本质上促进整个国家的创新与创业活动（张玉利等，2006）。在这样的背景下，创业教育受到前所未有的关注和重视。如何开展创业教育工作以及怎么样去培养创业型人才成为政府、教育界和学术界共同关注的热点课题。

西方的创业教育可以追溯到 1947 年 Myles Mace 为哈佛商学院 MBA 学生开设的新课程"新创企业管理"，这一课程被后来众多的创业学研究者认为是西方大学的创业教育起点。经过 70 多年的发展，美国、英国等发达国家的高校已成为创业教育的主体，创业教育课程、创业学位授予、创业学术期刊等相应安排和措施都比较完善。相较之下，我国的创业教育实践与研究均起步于 20 世纪 90 年代，要晚得多。木志荣（2006）探索了我国大学生创业教育的模式，认为创业教育的模式应当包括创业课程和非课程体系，并结合中国实际情况，提出了创业教育应包括创业课程、创业研究、创业论坛、创业计划竞赛和创业者联盟五个模块。2002年4月，教育部开始进行创业教育试点工作，先后在清华大学、北京航空航天大学等九所高校进行创业教育的试点。以此为"分水岭"，其后，我国各高校陆续推行创业教育课程，尝试通过创业教育提高在校学生的专业素质和创业能力，但由于我国高校创业教育的发展时间短、起点低，在课程设计、师资培养等方面存在的问题依然突出。梅伟惠和徐小洲（2009）从我国高校创业现状入手，分析了创业教育存在的三大难题以及未来的发展策略。李伟铭等（2013）分析了我国高校创业教育经历的四个发展阶段，针对高校创业教育存在的问题提出了相关的建设思路。马永斌和柏喆（2015）对我国大学创新创业教育现状进行了分析，认为目前的创业教育模式多以校内讲座、选修课和就业教育为主，实践方面局限于创业大赛、商业模式大赛等形式，应当建立起"大学—政府—企业"的创新创业教育生态网模式。

深化高等学校创新创业教育改革，不仅是国家实施创新驱动发展战略、促进经济提质增效升级的迫切需要，也是推进高等教育综合改革、促进高校毕业生更高质量创业就业的重要举措。党的十八大对创新创业人才培养做出重要部署，国务院对加强创新创业教育提出明确要求。根据调查，在21世纪我国高等教育迅速发展的近20年中，高校创新创业教育不断加强。目前国内1000余所高校开设了创业基础课程，214所高校创设了KAB俱乐部，100万名大学生直接参加了课程学习。然而，对当前全国大学生平均2%~4%的自主创业率进行分析可以发现，高校在创业教育理论环节与创业教育实践环节的对接、创业教育实践方法多样化、加强创业教育实践的社会化程度等方面还有待提高。鉴于此，本书将从理论和实践两个方面对这些问题进行研究，并给予政策建议。

（二）研究意义

大学生创业教育既是一种知识体系，更是一种方法论体系；既是思想政治教育与创业实践的深入结合，也是思想政治教育观念和创业教育理念的一个创新，在当前有着重要的理论和实践意义。对大学生创业教育的研究丰富着高校对人才培养管理的理论研究。目前，国内高校对于大学生创业的研究主要是侧重于创业知识的学习，创业能力的培训，创业技术的传授，但是就目前的经济与创业环境而言，仅仅局限于这些内容开展研究工作是远远不够的，其针对性、实效性还较为薄弱。大学生创业教育是社会主义市场经济发展的需求，是对那些即将走上社会进行自主创业的大学生的一种全方位指导，倡导的是以人为本的教育理念，是面向全体学生，并贯穿于大学生创业始末的一种素质教育，而不是一种功利性的精英教育。大学生创业教育关注的是教育对象在人生道路的选择上遵从的是何种价值取向和行为模式，在追求人生幸福生活的过程中采取的是何种生命探寻的轨迹，而不仅仅是单向地只遵从谋求物质利益的工具理性的驱使。这种教育研究，无疑会拓展思想政治教育和创业教育的内涵和外延，为培养全面发展的社会主义事业的建设者和接班人做出贡献。

大学生创业教育是社会主义市场经济良性运行的内在要求，是高校人才培养的价值目标性导引，是"大众创业、万众创新"在大学生群体中的深入落实及推进，具有重要的实践意义。在新常态背景下，社会经济发展充满了矛盾和冲突，旧的社会规范随着社会结构的调整约束力逐渐下降，而新的社会规范尚未完全建立，大学生在创业中很容易迷失方向，造成价值观的扭曲和模糊，功利性和物质性追求容易占据主导地位。大学生创业教育传播的是一种社会正能量，能够确保社会创业力量符合社会发展规律和社会主义核心价值观的要求，从而促进社会财富的增加和经济的增长。现阶段，大学生就业难已经成为一个社会问题，通过创业教育确保创业能够符合社会主义市场经济的发展，真正实现"以创业促就业"，从而缓解大学生的就业压力。大学生创业教育确保了创业者的创业能力和创业素质，这是培养创新创业型人才的内在要求。同时，"大学生创业"的深入推进符合国际社会发展的潮流。美国的大学生创业率高达20%，而中国只有0.3%，大学生自主创业应该越来越普遍。我们对大学生的创业教育应该与国际接轨，真正培养具有国际视野的创新型人才。

1. 创业教育对我国的发展有着积极的推动作用

从长远利益看，国家经济的发展，都迫切要求我们努力创建自主创新型国家。建设中国特色社会主义现代化，只有走自主创新的发展道路，才能实现中华民族的伟大复兴。21世纪是创新的时代，国家之间的核心竞争越来越表现为人才的竞争。高校是国家经济建设培养高素质人才的社会组织，高校人才的培养，最重要的是创新精神和创新能力的培养，而不是教育出相同的模具型人才。习近平同志在致2013年全球创业周中国站活动组委会的贺信中表示："青年是国家和民族的希望，创新是社会进步的灵魂，创业是推动经济社会发展、改善民生的重要途径。希望广大青年学生把自己的人生追求同国家发展进步、人民伟大实践紧密结合起来，刻苦学习，脚踏实地，锐意进取，在创新创业中展现才华、服务社会。"习近平在贺信中还指出："传播创业文化，分享创业经验，弘扬创业精神，有利于激励更多青年特别是青年学生开启创业理想、开展创业活动，为实现中华民族伟大复兴的中国梦贡献力量。"

2. 高校创业教育是解决大学生就业压力的有效手段之一

近年来，随着我国高等教育的发展、高校的扩招，我国大学毕业生人数逐年增加，就业压力越来越大。针对越发凸显的大学生就业问题，我国高度重视，不断出台相关政策帮助大学生就业。在帮扶就业的同时，鼓励大学生自主创业。原教育部部长周济在2006年全国普通高校就业工作会议上指出："鼓励、支持、扶助大学生自主创业，充分发挥大学生创业带动就业的倍增效应。要大力提倡并积极扶持毕业生自主创业。国家要进一步完善相关政策，鼓励地方出台更加优惠的政策措施，高校要积极开展创业指导服务，在就业指导课程体系中加大创业内容的比重。对有创业愿望并具备创业条件的高校毕业生要给予积极支持，及时提供创业培训、开业指导、项目开发、小额担保贷款、跟踪扶持等'一条龙'服务。"他还指出："鼓励有条件的地方对自主创业和灵活就业毕业生实行减免税费政策。"

大学生作为祖国未来的建设者，必须能够跟随时代的脉搏、紧跟社会的发展，而传统的教育内容和教育方式已远远不能满足社会对人才的需要。创新创业教育作为一种教育的基础理论，应贯穿于高校教育的各个方面、各个时段。如在思想政治教育方面融入创业教育，在专业教育中融入创业教育，在毕业生当中开展创业教育，也在新生中开展创业教育，如此，才能培养出适应时代发展所需的人才。

3. 研究高校创业教育具有很强的实践意义

1998 年，世界高等教育大会在其报告《高等教育改革与发展的优先行动框架世界宣言》第七条中提出"密切高等教育与职业界的联系，…支持大学生开办中小型企业。必须将培养创业技能和创新精神作为高等教育重要问题"，创业教育作为一种理论，它是教育思想和教育实践相联系的中介，是实施创业实践的方法论基础。

高等教育应主要关心培养创业技能和主动精神，毕业生不再仅仅是求职者，首先将成为工作岗位的创造者。党的十八大报告指出要开展以创业带动就业的战略。研究大学生创业教育，可以为大学生创业提供理论与实践的帮助，帮助大学生更好地适应创业与就业环境。

现在大学生就业率不高，毕业生人数的增加导致竞争激烈不是唯一的原因，而是由多种原因造成的。其中，部分毕业生本身素质不高，达不到上岗要求也是一个重要原因。一成不变的教育模式很难教育出精英人才，快速发展的知识经济社会，需要创新型人才。在一个人的职业生涯中，终其一生从事一种职业的现象越来越少，一个人的职业生涯是一个不断发展变化的过程，在这个过程中，需要从业者具备创新能力和应变能力，因此，创业素质是从业生涯中必备的素质。把就业变成创业，是一个民族力量的体现。大学生愿意出来自己创业，是社会进步的反映。大学生都愿意自主创业的话，我们民族的创造力会更强。腾飞中的中国，比以往任何时候更需要创新意识和创业精神。显然，这对我国高校创业教育的发展和改革提出了更新更高的要求。创业教育最初在高校中开展，都是以就业指导的形式，作为《大学生就业指导》课程中的一个章节进行展开。有的高校也会单独把创业教育拿出来，作为选修课，根据学生兴趣自由选择学习。2012 年 8 月，我国教育部明确要求，要把创业教育设为面向全体高校学生的必修课。由此可见，我国越来越重视高校中的创业教育，而这也将使得我国未来的发展受益良多。

二、文献综述

创业教育是一个包含范围广、内涵深的复合型概念，而作为本书研究开端的文献综述，要做好对后续研究的基础性前置工作，就需要对创业教育所包含的方方面面的已有研究做出一定的综述。基于这个目的，本部分的文献综述将主要从理论和实践两个大方面来着手，继而在这两个大方向的框架下，从创业教育的概念、内涵、价值、实现路径、政策等几个方面来细化对现有研究的汇总和分类。

（一）创业教育的目的：通识性或专业性

在开始从理论和实践两个方面对现有研究进行综述之前，有必要先阐述清楚一个问题，即创业教育的侧重点在哪里。这一问题的特殊之处在于，它在严格意义上并不属于理论或者实践的某个方面，但又对这两个方面都有深远的影响。目标问题的作用开始于理论探索和实践研究之前，但却并不直接体现在这两个方面的各个问题之中。具体来讲，创业教育的目的问题可理解为：创业教育的侧重点是什么？进行创业教育的大学应当是什么样的？鉴于此，此处有必要先对这个问题进行分析，以期取得提纲挈领之效。

1. 创业教育的侧重点是什么

从"创业教育"这一概念本身出发，直观意义上的创业所需要的人才，应当要么是一个复合型的、较全面的人才，要么是一个具有很强的专业技能的人才。然而，两类人才的要求不同，培养模式自然也不同。这就牵扯出了究竟应当侧重于哪一方面的问题。目前，比较常见的一种分法是"广谱式"和"专业式"教育两种。

"专业式"创业教育，是一种大多存在于商学院或专科院校里的、主要注重于教育的专业度，却忽略了创新创业教育与学科教育的紧密结合；或更多关注教少数学生如何创办企业的"单纯的创业性教育"，却忘记了多数学生创业精神、创业意识的培养；或将创新创业教育扩展为"塑造气质的教育"，却忽略了少数学生在大学期间或毕业时就想进行创业的实际需求；或只关注在校大学生的创新创业教育，却缺乏对毕业后新创企业的毕业生进行持续教育、咨询、服务的重视和关照。"全覆盖"与"个性化"、"多数"与"少数"、"广谱"与"专业"、"在校时"与"离校后"成为多数高校无法破解的矛盾。这一类教育模式培养出来的人才，能够在某个领域成为专家，但要成为成功的创业者，还有所欠缺。

相较而言，"广谱式"创新创业教育是我国高校创新创业教育发展的主要趋势。目前，国务院和教育部三份关于创新创业教育的纲领性文件，均明确强调了"广谱式"教育的价值取向。2010 年 5 月，教育部《关于大力推进高等学校创新创业教育和大学生自主创业工作的意见》指出"创新创业教育要面向全体学生，融入人才培养全过程"，明确了广谱教育的价值定位；2012 年 8 月，教育部《普通本科学校创业教育教学基本要求（试行）》提出了"面向全体、注重引导、广谱施教、结合专业、强化实践"的五条教学原则，强调实施"广谱式"创新创业教育；2015 年 5 月，国务院办公厅颁布了《关于深化高等学校创新创业教育改革的实施意见》，再次明确强调了"面向全体"、"融入人才培养体系"、"普及创新创业教育"的基本原则和总体目标，进一步确立了广谱教育的政策导向。面向全体学生开展创新创业教育，就是要将创新创业教育纳入教学主渠道，贯穿人才培养全过程，着眼于创新创业教育的广泛性和普及性，使之惠及每一个学生，着力提高全体学生的创新精神、创业意识和创业能力，使所有大学生成为高素质创新创业型人才，这是一种全新的教育理念和模式，即"广谱式"创新创业教育。

有别于"专业式"教育的创新创业教育，"广谱式"在教育内容方面可以解释为普及性的、广义的创业教育；在教育模式方面可以解释为是相对于面向商学院学生开展的"专业性"创新创业教育而提出的一种教育理念和教育模式；核心理念是"面向全体学生""结合专业教育""融入人才培养全过程"，也就是以全体学生作为教育对象，认为创业精神对任何个体都具有重大意义，任何对创业感兴趣的学生都应该有机会接受创业教育；创业教育不能脱离专业教育的根基，要将创业教育全面"嵌入"专业教育，实施深层次创业教育；教育的目的重在培养学生的创业观念、创业精神以及创业思维和创业能力，而不仅仅是传授创业知识和技巧。

因此，王占仁（2015）认为，创业教育的基本目标应当是"全覆盖""分层次"和"差异化"：一是面向全体学生开展"通识型"的创新创业启蒙教育，提高学生创新意识、创业精神与实践能力；二是结合各个专业的不同学科特点，引导学生根据专业特长进行创造、创新、创业，开展"嵌入型"创新创业教育；三是针对有明确创业愿望的学生开办创业精英班，进行"专业型"的创业管理教育，提升学生创业实战技能；四是对初创企业者进行"继续教育"，以职业化的教育培训体系帮助创业者度过企业初创期，开展"职业型"创新创业教育。"广谱式"创新创业教育是一个综合教育体系，既充分发挥传统商学院"专业性"教育在提升学生创业实战技能等方面积累的优势，也积极推动创业教育项目向商学院之外广泛拓展，融入专业教育之中，整合构建"专业性"教育与"广谱式"教育"双轨并行、相互助力"的运行机制。从这一点来看，"广谱式"的创业教育将成为创业教育未来的一种可行的发展模式。

常洪斌等（2017）认为，"广谱式"创新创业教育作为一种面向全体学生的现代教育理念，将其引入高校的教育中来，对于提升学生的创新创业思维、能力的培养有着极为重要的积极的促进性作用。赵修文等（2015）通过分析"广谱式"创新创业教育的内涵，探讨了"广谱式"创新创业教育的内容架构体系，认为"广谱式"创新创业教育是一种面向全体学生、创新与创业深度融合、广泛性与普及性交融的一种全新的创新创业模式，是当前高校创新创业教育发展的主要方向与趋势。

2. 创业型大学：创业教育的重要载体

创业型大学是近年来许多国内外高校提出的一个战略性的转型方向，

与创业教育具有天然的逻辑联系。创业教育有效开展是创业型大学应有之义，创业型大学之形塑必将带动创业教育转型发展。为此，作为标榜知识创新创造且应更具包容性的创业型大学，就成了研究与探讨新的时代背景下高校创业教育发展的又一个理论视角（黄兆信等，2016）。

（1）创业型大学与创业教育。创业型大学也被称为"进取性大学"（向春，2008）。亨利·埃兹科维茨教授认为，所谓创业型大学，就是能"经常得到政府政策鼓励的大学，其成员对从知识中收获资金的兴趣日益增强使得大学在精神实质上更接近于公司，公司的这种组织形式对于知识的兴趣也总是与经济的应用紧密相连"（Etzkowitz et al. , 2000）。创业型大学一个鲜明的特征就是其对知识产生结果商业化扩散的极大兴趣，与传统的、偏重学术探究的高等教育机构不同，创业型大学在重视科学研究和各种发明创造的同时，也要求大学必须为这些创新的成果最终转化为满足人类各种精神和物质需求的创新产品做出努力。就其特征而言，伯顿·克拉克（2000）的总结最为经典：大学自身作为一个组织具有创业性，大学的成员在一定程度上能变成创业者，大学与周围环境的互动遵循创业模式。

与传统大学相比，创业型大学在观念和行为上发生了巨大的变化，其中最为明显的就是在大学内部组织制度和发展动力机制上的变革。如一些学者认为，大学除应有强有力的领导核心、大量的扩展机构、多元化的经费来源、激活的学术中心地带之外，还有一个很重要的变革就是需要整合的创业文化。创业型大学具有一种弥漫整个校园、以追求创新为使命的文化。与传统大学在历史文化的积淀过程中形成的文化不同，创业型大学更像一个教育组织与企业组织的结合体。它追求对于未知事物的各种探索和科学研究活动，需要在校园内广大行政管理人员、师生当中普遍存在创业精神。在朝向创业型大学的变革发展进程中，创业教育必将面临深刻的转型与新的发展。其中，关于创业教育的组成要素及其功能结构方面存在大量需要研究和探讨的问题。如就高校创业教育未来转型发展的基本特征来看，应该是以创业为导向，将与创业相关的所有资源进行整合，以建立大学与区域范围内各要素间相互关联的、共生演进的生态系统。高校创业教育如果仅将大学作为研究与实践的自然边界，而不是作为整个创业生态系统的一部分并与之建立链接关系，创业文化及其氛围就很难在校园内形成，创业型大学也就无从谈起。在当前时代背景下，首先要做的就是在厘定高校创业教育的构成要素并对其进行分类和梳理的基础上，明确创业教育转型发展的方向，推动创业教育在实践层面的革新。

（2）高校创业教育转型发展需要内外部要素的共同促进。高校创业教育由内源性要素、基础性要素和发展性要素构成，形成由内向外、逐层扩展的格局，保证创业教育的内涵发展与外延发展的和谐统一。从系统论的观点来看，如同自然界生态系统的内部机制一样，大学校园各种要素诸如精神文化、制度文化、物质文化和行为文化等相互依存、相互制约，通过各要素之间的张力保持一个相对均衡的生态秩序，从而达到系统内部的平衡。当大学变革来临时，原有的文化生态的稳定性将会被打破，其合理的部分被保留吸收逐渐形成新的文化生态系统范式；有些形态甚至创造性地毁灭，而这也是创新的本质。

就创业教育的内源性要素来看，高校具有创业精神的历史传统及其办学理念，既是推动创业教育发生发展的文化核心，也是整个创业型大学的精神内核，规范并制约着一系列制度、物质和行为等文化要素的发展，是内在地起作用的决定因素，即内源性要素。这种开放、多元、包容的内源性要素支撑了高校师生的学术创业活动，维护了创业文化在高校校园中的孕育、创业教学与创业实践的开展，并同时形成了一种规范化的约束机制，从而使整个高校创业教育实践活动（如学校内部在创业方面所投入的资源、物质和制度）始终围绕这个文化核心运转而不偏离（黄兆信等，2015）。

此外，当我们看到美国麻省理工学院和斯坦福大学这两所高校所坚持的那种教育为现实世界服务的实用主义，坚守自己的办学理念并形成了学术创业的规范制度时，我们更加坚定地意识到，一所高校创业教育要实现真正的转型发展，其第一要务就是必须形成支撑和维护创业教育发展的精神文化、物质文化和制度文化，并将三者高度统一。同时，高校还应该将这种文化具体化、生活化，并在整个校园中体现这种创业文化的传承、内化与更新。如此，高校才能在长期的知识生产、传播、应用的循环过程中，坚守创业文化和创业理念，形成创新思想和创业活动的支撑体系，促使创新思想和创业活动不断涌现。在此种氛围之中生活、工作和学习的师生才能有不断求新求异的不懈动力。

内源性要素是高校创业教育实现新的发展的核心，居于外围的则是基础性要素，即高校推动创业教育发展的执行层面，包括行政管理机构如创业教育指导委员会、创业教育教学委员会、专职副校长及相应的行政机构、技术转移中心、知识产权办公室、产业—大学合作研究中心、开展创业教育和创业活动的实质性机构（如创业园、科技园、国家实验室、工程研究中心、创业企业孵化器）等。不同类型和功能的机构共同组成高校创业教育的生态系统。从功能上讲，这些不同机构和部门承担了创业教育的计划、组织、协调、反馈等功能，保证了一所高校创业文化和理念在实践层面的实现和持续发展。

（二）理论层面的研究综述

在厘清了存在于研究开始之前的问题之后，我们将目光放回到具体的研究综述上来，此处先从理论层面入手，对现有的研究做一回顾。

1. 创业教育理论研究

1989 年 11 月，在"面向 21 世纪教育国际研讨会"上，柯林·博尔提出了"Enterprise education"，被我国翻译为"创业教育"，这是在我国首次提出"创业教育"的概念。在创业教育提出后，对社会各界产生了巨大的影响，在学术界掀起了研究创业教育内涵的热潮。部分研究者认为，创业教育是一种教育理念，其内涵是商学院主导的、以商业为目的的教育活动。彭刚（2000）在《创业教育学》一书中提出，广义创业教育与狭义创业教育。他认为"在常规教育基础上，以培养青少年开创精神为目的，具有独立功能和体系的教育"为广义创业教育；狭义创业教育是指教育者为受教育者传授经商、开公司企业的教育。1995 年与 1998 年，联合国分别在《关于高等教育的变革与发展的政策性文件》《21 世纪的高等教育展望和行动世界宣言》两份文件中对创业教育的内涵及其重要性做出了全面的解释，提出高校毕业生不仅是求职者，而且是创业者的观念。吕一枚（2016）在《创业教育》一书中分别从创业者个人能力、创业条件、创业过程三种视角对创业教育进行界定。

在 2010 年 5 月教育部推出的《关于大力推进高等学校创新创业教育和大学生自主创业工作的意见》中，将创业教育的核心内涵界定为面向全体学生、结合专业教育、将创新创业教育融入人才培养全过程的教育。综观国内外关于创业教育的概念与内涵的研究，研究者对创业教育的概念界定可谓言人人殊，经过对不同类型的、不同侧重的内涵界定，我们可以看出学者在创业教育要培养学生创业品质、创业能力、创业知识等方面还是达成了一定共识。

国内学者从不同角度对教育目标和类型展开了研究和探讨。学者倾向于围绕创业的意识、知识、能力、品质、精神等方面展开研究。张涛等（2007）认为，创业教育的目标是："培养具有开拓能力和创新精神的社会主义建设者。"李景旺（2006）提出"注重学生创业素质和开创精神的培养，使本科生具备创业所需要的意识、品质和能力，并要他们具备较强的独立意识和适应能力"的教育目标。夏人青等（2006）提出了创业教育的总目标和分目标之说。他认为创业教育的总目标应该以人的全面发展为基准，在大学人才培养体系中予以明确并且要贯穿于高校人才培养计划的始终。在总目标之下，建立三层分级的分目标："拥有一定创业素质的公民""在工作岗位上的创造者""新型机构的创办者"。在创业教育类型的划分上，张玉利（2008）认为，创业教育有"复制型创业""模仿型创业""安家型创业""冒险型创业"四种类型。"复制型创业"是针对原有创业进行复制。由于缺少了创新与创造，一般很少列入学习对象中；"模仿型创业"比前者具有了创新性，但也增加了冒险型，这种创业学习时间长、犯错机会多，代价比较大；"安家型创业"则强调的是一种创业精神；"冒险型创业"是一种难度系数比较高的创业活动。虽然学者对创业教育目标的表述不尽相同，但皆揭示出创业教育目标实质即习得创业相关知识、掌握创业相关技能、提升创业素质、塑造创业精神。在创业教育类型划分上，本书倾向于目前广为接受的"生存型创业"和"机会型创业"两种划分。

学者关于创业教育的价值和意义的探讨主要从国家、高校、大学生等不同的视角提出了创业教育的意义与价值。从国家发展的战略角度出发，张文武（2006）提出创业教育是适应当今时代发展的形势需要，是提高我国人力资源整体素质的需要。他把创业教育与创新能力进行结合，认为创业教育能够增强国家的创新能力，有助于加快国家创新体系的建立。创业教育也有助于提高在校大学生的综合素质，从而影响到国家人力资源的素质。赵志军（2006）提出，创业教育的实施是建设创新型国家、促进经济发展的必然要求。通过创业教育的实施，既可为大学生提供就业机会，又能带动我国经济社会的全面、协调可持续发展。对建设创新型国家具有重要的战略意义。从高校自我发展的角度出发，学者杨宁提出创业教育是学校创造教育的组成部分之一，有利于高校培养创新人才，应把学生在校所学知识与技能进行企业思维转化，从而增强学生的创新能力。李尚群等（2008）分别从提高大学教育质量、保证大学办学特色以及解决高校毕业生就业难三个问题上论述了创业教育对大学发展的重要性。他认为创业素质作为一种与时代精神相同的素质类型，必将成为高校教育质量的重要衡量标准，并与高等教育质量观的时代特征与发展趋势相互连通。在关于高校就业率方面，他认为创业教育有助于提升高校毕业生就业的竞争力，有助于摆脱学生就业难的问题。从大学生全面发展的角度出发，刘铸等（2010）认为，创业教育有助于促进人在智慧、性格、才能、思维等方面的发展，有利于培养学生的创新能力、冒险精神以及独立工作的本领，对大学生的全面发展起到至关重要的作用，最终有助于大学生竞争力的提升。潘剑峰（2002）认为，让学生在创业课堂教学与活动的过程中，习得创业所需的综合素质，促进学生个性发展，从而实现学生的自我价值。教育部 2006 年发布的《创业教育在中国：试点与实践》归纳了以下创业教育的意义：①有助于提高受教育者的创业意识，从而转变就业、择业观念；②有助于创业企业在现实中落地；③有助于促进创业人员经营、管理水平，保证企业健康成长；④有助于规避创业单位风险；⑤创业教育可以与高校科研工作相结合，促进科技成果转化。创业教育是一个复杂的系统性工程，研究者从不同角度对其价值与意义进行了论述，事实证明，创业教育为国家发展、高校发展、企业发展以及大学生自身发展提供了平台。

2. 创业教育的严谨性研究

Feit（2000）指出，社会科学领域的理论在某种程度上都是不完整的，而对于其中的创业来说，其可教授与否也同样存疑。但他也相信会建立一套合理的为大家普遍接受的理论和教导体系。

为搭建出合意的创业教育体系，需要我们对这一方面给予持续的关注和探索。文卡特拉曼（1996）曾认为，创业的被关注度可准确反映"一个由当今共赢世界、新兴技术、新兴世界市场三者共同作用产生的新兴环境"。Brazeal 和 Herbert（1999）则认为，对概念的研究仍然停留在初期，这造成从事该领域研究的学者仍在理论和方法两方面争论不休。一方面是研究和理论的发展不同步，另一方面则是对于缺乏理论支撑的仅通过某个特例得到的结果存有怀疑。

目前，创业教育虽正处于蓬勃发展阶段，但学术合法性仍需要进行一定的思考。这一领域所要面对的一些问题，实际上源于一些我们需要在不同学科里去寻找答案的其他问题。也正因如此，创业教育的研究者就有可能忽视其他领域的影响，而仅仅从自身专业角度去为创业教育提供研究结论。早在 1991 年，Herron 等就发现，创业教育的研究存在很多"单学科"的观点。这一实际情况的存在，也导致了很长一段时间内无法为业已形成的创业教育领域提供一个明确的定义和一个准确的边界。但同样需要注意的是，即使是为创业教育提供了有效的定义，下一步何去何从也仍然是个不得不考虑的问题。

此外，创业教育的思考研究和教学之间的关系也是十分重要的，尤其是在没有对创业教育形成系统、严谨的理论体系时，教学就更受到限制。这则会进一步影响到对创业教育的状态、绩效进行评估。

3. 对创业教育和培训进行分类

根据对学生所处的不同创业阶段的划分，我们大致可将创业教育所针对的对象划分为：培养创业意识、培养创业所需能力和强化运营企业的能力这三种类型。

第一类侧重于创业意识的培养，其目标在于帮助学生从理论角度形成建立和经营企业的创业理念，帮助其对创业过程有一个较准确的认识，并做好对未来的规划。也就是说，要培养学生具备创建、拥有、经营和管理自己企业所需的创业态度和价值观。

第二类主要针对已具备创业态度和抱负的学生，旨在帮助其为未来构建属于自己的企业做好准备。这一教育将教授创业和管理小型企业过程中所涉及的实用性技能，并从操作层面上帮助学生拟订未来的创业计划，打好基础。在这一教授过程中，理论已经不再是全部内容，需要更多地引进创业的实例以及成功案例的解读，既包括如何运营企业，也包括对成功的创业者的个人规划、企业发展计划的准确解读，将这些内容讲授给接受教育的学生，是这一过程的主要做法。

第三类则相对更高层次一些，这不仅因为所面对的对象是创业初具规模需要进一步提升的创业者（此时已不能单纯用学生来进行形容），其教授内容也从比较抽象的内容转变为实用性更强的专业技能。也就是说，这一部分内容主要为那些已经勇敢迈出创业第一步的人提供更进一步的、用于解决实际将面临到的问题的知识和技能。

4. 对创业教育体系的评估

近年来，国内学者在强调创业教育实践重要性的基础上，对于高校创业教育实践的实证研究逐步加强，采用科学方法，针对不同类别、不同专业的学生开展了创业实践的问卷调查和样本分析。然而，对于高校创业教育实践系统的具体实现和实际评价尚少有涉及。

5. 对创业意向的理论研究

国内外创业意向的研究，多基于阿杰森的计划行为理论，认为行为态度、主观规范和感知行为控制共同影响个体的行为意向（Ajzen，1991）。有国外学者以俄罗斯的医药工程专业学生为样本，验证了态度、主观规范和感知行为控制三个前置因素对创业意向的显著影响（Tkachev & Kolvereid，2010）。另有学者认为，创业态度和环境因素共同影响了个体的创业意向，而创业态度又会受到个人特征的影响（Lüthje & Franke，2010）。国内研究成果认为人格特征、先前知识和创业认知共同影响创业意向，其中创业认知是核心因素，包括环境认知和自我认知（叶映华，2009）；创业自我效能感对创业意向有显著正向影响（徐小洲等，2010）；广义创业态度和个体背景因素对创业意向有影响，其中广义创业态度包括创业要素认知、创业环境感知和创业动机（向辉等，2013）。此外，很多学者都发现诸如性别、专业、家庭背景等个体背景因素都会影响个体的创业意向（范巍等，2004）。

国外不少学者研究了创业教育对于个体的影响，发现相比其他学生，主修过创业课程的学生，其创业意向更高，创办新企业的可能性更高（Noel，1998）；还发现，创业课程可以提高学生的创业意向（Tkachev & Kolvereid，2010）。国内学者也有类似结论，参与过创业竞赛和有创业经历的学生，其创业态度和创业意向均强于没有相关经历的学生（向春等，2011）；参加过创业课程、创业竞赛或具有创业经历的学生，创业意向和创业动机均高于没有相关经历的学生（向辉等，2014）；高校的创业教育能显著提高学生的创业意向，并提升创业意向与所学专业的匹配程度（朱红等，2014）。也有研究通过问卷调查、样本筛选、统计检验和回归分析表明，创业环境感知对创业意向有显著正向影响，创业态度对创业意向有显著正向影响，创业教育对创业意向有显著正向影响，但不同的创业教育的影响存在差异，而且创业教育一定程度地调节了"创业态度对创业意向"的影响（王心焕等，2016）。

（三）实践层面的研究回顾

1. 创业教育的现状

20世纪80年代中期之后，许多国家开始把就业教育重点放在创业教育中，并强调"自我雇佣"。在创业教育中不仅传授就业所需的职业知识、职业技能和职业态度，并培养其创业意识及其创业能力。与此同时，政府部门还配之以相关的鼓励创业的优惠政策。创业教育的战略在国外获得了成功。以英国为例，大学毕业生和各种失业人员中的自我雇佣率大大提高，从1985年的11%上升到1990年的13%，再到1995年的20%。创业教育的发展与经济发展、就业压力存在密切的联系。它经历了从业余课程教学到专业教学，再到学位教学的过程；从片面的职业前训练到系统性教学过程。当下，创业教育研究在国外呈现出飞速发展的态势，现阶段在所有的高级商学院联盟（Association to Advance Collegiate Schools of Business）以及其他1000多个未被认证的学校中，创业课程已经趋于完善，尤其在美国已有超过2200个创业教育课程，在超过1600个学校中，设有300个创业教育教授职位，授予超过277个创业学学位。已经有大约44本关于创业教育的学术期刊，主要的、核心的企业家杂志更多的问题是关于创业教育的，并且各大企业建立和资助了100多个创业教育中心，创业教育的研究学者和文献在数量上和质量上也有了普遍的提高。这些宣告了创业教育已经得到教育部门的认可，具有合法的地位，逐步走向成熟（任路瑶等，2010）。

创业教育的文献研究普遍论述了创业教育的重要性和必要性，创业教育学者从创业教育的发展、创业教育的理念内涵、创业教育的模式、创业教育的课程设置、创业教育的师资、创业教育的实践等不同方面论述了创业教育研究的价值。但是，Kuratko（2005）根据自己23年的观察研究认为，创业教育还没有完全成熟，警示学者不能陷入"成熟、自满、停滞的陷阱"之中，应该继续对其进行完善和展开更深入的研究。

2. 创业教育的实践价值

西方众多国家积极倡导并开展创业教育，其结果不仅缓解了就业压力，而且由创业所创造的财富取得了高速增长，创业逐渐成为经济发展的原动力。无论从国家利益角度出发，还是从个人发展角度看，创业教育有着更深层次的价值。德鲁克的研究成果表明，美国在1965～1984年，就业人数从 7100 万增长到 1.03 亿，增长率为 45%，其间几乎所有的就业机会都是由创业型和革新型企业创造的。"创业就业"是美国就业政策成功的核心。一个国家的创业教育水平越高，其社会成员灵活就业、自主创业的程度就越高，同时社会效益和经济效益也就越好，从而极大地推动了社会的繁荣和发展，促进社会充分就业。

Kuratko 和 Hodgetts（2004）认为创业教育的意义十分重大，创业教育为市场经济做出了不可或缺的贡献。创业教育改变了市场结构，重建市场经济的发展进程，贯穿于市场经济的各个组成部分。创业教育在推动创新上发挥了巨大作用，成为导致技术变革和生产率增长的关键因素。

另外，创业教育的价值在于其成为经济发展的必要机制，使数百万人进入经济市场中。创业教育使大学生、妇女、失业人员、待业青年与时俱进，可以开展自己的事业，追求自己经济上、事业上的成功。世界上尤其美国经济增长的最大力量来源就是平等的机会和不断发掘自我潜力的上进心。创业教育成了这两方面共同发展的平台，起到了平衡的作用以及为提高创业技能、增加创业成功率打下了基础［Small Business Administration（SBA），1998］。

早在 1993 年，就有学者对创业是否可以被教授这一较为根本性的问题提出了思考和关注，如 Gibb（1993）、Sexton 等（1997）。Gibb 之前就已经提出过，创业精神、创业行为和小型企业管理需要被加以区分，这相当于在创业教育教学方法的成型过程中，将创业、创业教育、业务能力和个人综合能力加以区分，这对于当下理清创业教育的应有内涵是必不可少的。具体来说，创业行为是指学习能力的培养，从而使学习过程具备个性化特征，并能将所学知识应用到工作中去，即使学业完成或一个项目完成后，仍能坚持学习并掌控整个过程。

大量的研究表明，即使创业不能被教授，但创业能力迟早会通过创业教育得到发展。对于每个人是否适合学习并实践创业，Shepherd 和 Douglas（1996）认为，创业教育应将艺术和科学要素相结合。他们认为，或许并不是每个人都具有创业精神，而这可能代表我们需要引导和唤醒隐藏在一部分人身上的这一精神，这便意味着我们在教授各种商科知识的同时，需要融入对唤醒创业精神的、更偏向于艺术的教育，融入创业教育的真正的精髓。然而，科学与艺术毕竟是不同的，科学具有选择性、分析性、有序且一成不变的性质，艺术则是生成的、充满刺激性的、跳跃且不受约束的，但这并不代表创业精神无法被教授或唤醒。这一重要过程实质上是在大学教育中潜移默化地影响着人们的创业特质。许多创业教育在本应当培养其创业思维时，转而去培养他们的逻辑思维能力，这往往会使学生在创业的实践活动（无论是模拟还是实际）中得到一些错误和不切实际的答案。这一现实要求从事创业教育工作的人员从实用角度出发，在接近生活的真实环境里教导学生用自己的能力解决问题，并激发他们这样去做的兴趣。

然而，也有研究认为创业教育并非都适合于教学，其中也有不适合教学的部分。例如，Miller（1987）就认为，创业教育可以让学生学到在创业和构建企业时必不可少的分析技能，以及这些技能的局限性，但无法让学生直接学习到如自信、坚持等人格特征。通过研究小型科技公司的发展，Boussouara 和 Deakins（1998）发现，创业教育领域的学习并不是通过结构式的教学课程就能够顺利实现的，需要从反复试验或试错的实践中吸取并总结经验教训。

3. 创业教育的师资研究

教师的素质是创业教育的关键，为了保障创业教育的有效开展，国外大力培养和稳定创业教育的师资队伍。各个学校十分重视对创业教育的师资进行选拔和专门培训，鼓励和选派教师从事创业实践，开展创业教育的案例示范教学或研讨会，交流创业教育经验，从而有效地提高教师创业教育水平；并且要求创业教育师资中必须有创业风险投资家、创业家、实业家和初创企业的高级管理人才。

Kuratko（2005）提出，创业教育的师资就是要独立培养一批既有博士学位，又有实践能力的员工队伍。培养既是专业理论名师，又有在各行各业有创业实践经验的教师，能够同时驾驭创业教育理论课和实践课。这种高素质的教师是把创业教育落到实处的真正力量。创业教育对教师的素质要求要高于其他学科,教师要激发学生的学习兴趣,要有一定的观察力,了解学生的已有知识能力水平,从而指导学生创业的发展方向,等等。同时,尤为重要的是,对学生预期所从事创业领域的发展与走向有所把握,通过自己的实践经验从中分析出未来对创业的素质要求,这些都是高能力教师在教授创业教育课程中最为基础的职业素质。

Huber(2001)和 Yorke(2000)建议应对教师的教学进行评比,激发教师的教学热情。教学评价主要是针对创业教育教学活动过程与结果做出的系列价值判断行为。根据一定的标准,对学生的学习结果进行价值判断的活动,检验学生是否达到教学目标的要求及其达到目标的程度。它是衡量教师教学是否有效的重要指标。评价行为一直贯穿在整个教学活动的始终,而不只是在教学活动之后。评价的手段或方式,可以采取实践实习调查,问卷调查,自评、他评和师评等多种方式进行;并且针对教学成果较为显著的老师给予激励奖励,激发老师的教学热情。国外高校不仅重视教师的创业教育的理论水平,而且非常关注教师的创业实践经验。美国高校的创业教育师资不仅包括专家学者,而且还有许多企业家、创业者等,美国高校经常聘请这些人担任学校的兼职教师,他们一般以短期讲学、参与案例讨论、参加创业论坛等方式参与学校的创业教育项目。

4. 创业教育的课程设置

美国、英国等发达国家创业教育课程体系设计非常完善,创业课程有效地将教学和实践紧密联系在一起,且与整个创业过程息息相关。美国高校创业教育的课程已经系统化,涵盖了创业构思、融资、设立、管理等方方面面,综合起来有如下课程:创业涉及的法律、新兴企业融资、商业计划书、创业领导艺术及教育、技术竞争优势管理、启动新设企业、大型机构创业、社会创业、成长中的企业管理、家族企业的创业管理、创业营销、企业成长战略等几十门课程。

McMullan 和 Long(1990)提出要开设激励创造新事物的创业课程。以专门的创业课程为主,辅以相关基础课、专业课,实现各学科知识的相互渗透，同时包括创业意识、创业能力、创业知识结构和创业实务操作等多个层面的内容，形成完整的创业知识课程体系。

Solomon（2002）把创业课程推广到多门学科，提出应涵盖创业管理学、创业法律、创业财务会计及创业营业相关的市场营销等的学习，学生应掌握创立企业、合法经营、培育企业的创业文化和企业如何应对社会环境与市场需求变化的基本知识。

Vesper 和 Gartner（1997）对 941 所大学的商学院院长的问卷调查结果显示，以美国为典型，美国大学给本科生开设最多的创业课程依次是创建企业、小企业管理、创业咨询、运营新企业、创业计划书的撰写、创业财务管理、创业机会的识别、创业营销；而给研究生（MBA 为主）开设最多的课程依次是创业新企业、小企业管理、创业咨询、创业计划书的撰写、技术转移、创新评价、运营新企业、公司创业、创业营销、创业投资与私人权益、创业相关法律等。

5. 关于高校创业教育实施路径的探索

实施路径的交流与探索始终是高等院校创业教育的核心问题，学者通过大量的理论与实践探索，提出了创业教育行之有效的具体策略，具体包含如下几个维度：

（1）以竞赛形式带动其发展的研究。李春琴（2010）认为，我国高校创业教育起步于 20 世纪末的"挑战杯"创业大赛。此类活动的目的在于通过课外相关创新活动，培养学生的创造力和自身素质的综合发展。赵志军（2006）提出要设立创新创业的活动载体，营造促进创业发展的有利氛围。他认为大学创业设计大赛风生水起的十几年间，对创业起到较好的引领和示范作用。全社会也可实施"创业杰出英才"等评选活动来营造创业氛围。根据学者研究可以看出，目前，粗放、单一的创业技能比赛已不能满足日益高涨的发展需求，只有采取创业相关要素融入学科课程当中，才能更好地培养学生的综合素质，增强学生走进社会的创造力与竞争力。

（2）以课程形式推动其发展的研究。学者通过创业的师资、课程等方面来论证课程是开展创业教育的关键环节。梅伟惠（2009）提出，创业课程是提高大学生创业能力的载体。她认为创业课程的设置不仅有助于教师对社会及产业发展的把握，而且有助于教师对教学规律的认识。在我国高校应建立多层次、多类型的创业课程体系。同时应注重学科课程与活动课程的有效结合，从而开展有效的创业教育，培养学生的创业能力。周营军（2010）通过创业教育的师资建设、课程设置以及教学模式几个方面论述大学开展创业教育的途径。他认为高校应注重专业创业教师的培养，同时应聘请具有创业实践经验的企业管理者作为兼职教师与学生交流经验。在课程设置方面，创业教育课程应注重创新性与实用性、注重学科间的交叉性与渗透性。在教学方式上，应注重案例研究，要以"问题为中心"开展创业教育。张睿等（2008）在创业的课程设置上提出了先要学习国外在创业方面的成熟经典课程，之后与国内经济发展现状相结合，创造一条中国特色的创业教育课程体系。他还注重相关评价体系的构建，认为必要的创业评价有助于高校及时了解创业教育发展整体状况与最新动态，有利于促进各校之间的竞争意识，从而有助于我国创业教育的快速发展。黄兆信等（2011）提出了"专业＋创业"复合型人才的培养。他认为大学创业教育应将专业与创业结合，两者是相辅相成的，应该相互依托，通过对学科专业课程的"重构"，实现专业创新创业技能的获得。

（3）以实践途径完善其发展的研究。有学者认为，实施创业教育不仅要通过创业竞赛、创业课程的路径，更要注重通过实践教育来完善创业教育的实施路径。如学者研究比较多的"温州模式"。温州大学按照公司运作模式先后建立了学生创业工作室、创业园等实践平台。黄赐英（2006）提出理论课程与实践课程的结合，她认为相关实践课程的开展是培养学生创业综合素质最有效的方式，通过开展创业竞赛、成立网店、提供劳务、经营企业等途径增加学生的创业技能，同时在实践过程中开设系统的理论课程，增加学生的创业知识。周营军（2010）认为，创业教育实践平台的构建是实施创业教育的有效途径。高校不仅应加强与企业的联系与合作，而且要采取"全真环境"的创业教育，这样有助于使创业教育的主题转移到以学生为主，能有效地促进学生创业能力的提高。张宏军（2010）提出要建立创业教育的"合作共同体"，他认为创业教育的开展需要高校与企业密切合作，建立校企创业联盟推动校企创业合作的共赢局面。像这样通过校企合作、项目实施等方式推动创业教育的新途径，也逐步进入研究者的视线。

（4）通过总结创业教学模式提升其发展的研究。部分学者通过对国内外高校实施创业教育过程中所积累的成功经验进行总结。例如，梅伟惠（2009）通过对美国高校在实施创业教育中采取的路径进行研究，提出了聚焦模式和全校性的创业教育模式两种类型，认为前者应有商学院或管理学院作为学校创业教育的主导，以"培养专业化的创业人才以及培养创业教育师资和研究者"为目标，开展有效的创业教育活动；后者是以提高学生创业综合能力为核心，通过全校性质的创业课程来培养学生的创业意识和精神。在美国目前的高校创业教育中，全校性的创业教育模式占据主导地位。胡瑞（2012）通过对英国高校在实施创业教育中采取的路径进行研究，提出了传统商学院模式和互动模式两种创业教育类型。前者注重的是商业管理范式在高校创业教育中的应用，后者则注重高校与外部支持体系的合作。具体实施过程分为整合、中介、外部支持三种运行模式。李志永（2011）通过对日本高校在实施创业教育中采取的路径进行研究，提出了官产学模型、双轮驱动模型和 ESP 发展模型三种类型，分别从创业教育的参与人、过程及平台三方面总结了日本实施创业教育的成功模式。

6. 关于创业政策的探讨

国内关于创业教育政策的研究始于 20 世纪 90 年代，研究者分别从创业政策存在的问题、功能、结构等方面展开了探讨。在创业政策存在的问题上，辜胜阻等（2008）从创业机会、创业技能、创业意愿三个方面分析了我国创业扶持政策的现状，他认为我国创业政策虽然在不断的改进和完善过程中，但是创业政策缺乏系统性、针对性和科学性，导致其扶持力度的不够。在创业政策的功能上，张莱楠（2007）提出了把创业政策的功能分为自由放任型政策、有限参与型政策、战略干预型政策、主导参与型政策。在创业政策的实施结构上，李政等（2006）将创业政策分为垂直型、水平型、伞型三类。在大学生创业政策体系构建上，熊伟（2009）分别从创业活动结构维度、大学生政策体系等方面进行了初步分析，他认为创业活动结构的维度有核心要素维度、成长性维度、依存性维度和水平型维度，大学生创业政策体系应包括舆论宣传政策、教育培训政策、金融优惠政策、产业引导政策、风险规避政策等多方面。他还在政策实施过程中构建了过程模式、行动模式、执行模式、评估模式。陈成文等（2009）分别对我国创业培训、促进、融资和环境方面的政策进行了评价。他认为大学生创业教育培训政策由创业培训政策与创业教育政策两部分组成，前者有长足发展而后者比较落后；创业促进政策由减少进入障碍政策与提供商务支持政策两方面组成，前者日渐完善而后者较为不足；创业融资方面由信贷政策、创业资金政策两部分组成，前者日趋合理而后者较为滞后、融资政策比较单一；创业环境政策由硬环境政策和软环境政策两部分组成，前者日臻完善而后者缺失。

（四）文献评述

从整体上看，我国对创业教育的研究还有很大的发展空间，尤其在理论研究方面和具体实践创新模式的归纳方面。从理论研究方面来看，学者对创业教育的基本问题研究比较多，但是没有形成完整成熟的框架体系；对国外政策进行介绍得比较多，但是对国内关于创业教育政策提出建议的比较少，不能有效地实现政策推动作用。从实践归纳方面来看，由于我国创业教育起步比较晚，目前尚未对创业实践措施方面提出系统、完善的建议。总之，我国创业教育的相关研究不能满足创业实践发展的需要。

与此同时，国内外开展创业教育的高校也面临着共同的"瓶颈"：如何将创业教育课程贯穿到主流课程中，如何将创业教育贯穿于人才培养的全过程，如何将创业教育与其他学科进行结合等问题，始终未能寻求到满意的答案。现有的研究解决了创业教育的内涵、特点、意义等问题，对于创业教育路径及对策仅有宏观研究，缺乏以微观视角从高校内部入手的创业实施路径研究。本书试图通过相关的中外文献分析，进一步梳理、归纳和总结创业教育的基本理论问题，通过专家访谈、实地调查等方法，进一步了解和分析我国大学创业教育现状，并在对国外高校创业教育个案分析的基础上，围绕高校创业教育内部实施路径，从微观角度提出合理的、系统的、具有可操作性的我国高校创业教育实施策略。

三、研究内容与方法

（一）研究目的及研究内容

第一个研究目的是通过对创业教育的理论基础和现实问题的分析，结合国外的创业教育的实践经验，对我国的创业教育模式进行探讨以及对存在的问题给出政策建议。从本质上来说，是为了更好地研究创业教育的性质和效果，同时也为了找出未来所应具有的发展模式。

第二个研究目的是通过回顾创业教育的理论研究，将传统的理论视角和我国的政策实际结合起来，一方面更好地理解创业教育的理论基础和发展情况，另一方面也通过现实的角度来探讨我国的高校创业环境以及存在的问题。

第三个研究目的是通过本书的分析来阐明当前社会普遍存在的对创业者的理解和感受，从而在基础层面为创业教育环境的改善提供支持，以及将研究结论通过一系列政策建议的形式来呈现出来，从而试图为我国高校的创业教育及其项目设计提供一个框架。

基于以上这些研究目的，本书的研究内容实质上分为两个部分（除去绪论之外）：

第一部分包括第一章和第二章，旨在通过回顾这个领域的起源，为接下来的实际分析提供理论依据和背景，从而使创业教育这一过程能更好地被展示和理解。在这部分中，本书将讨论创业教育的相关理论、产生背景以及政策实际，并通过分析创业教育这一概念的本质对存在的问题做出理论角度的梳理和归纳，并给出初步的建议。在强调创业教育同传统教育的相似及不同之处时，将侧重点放在这一概念的理论分析之上，试图从理论的角度给出创业教育理论同我国现实应有的结合点。

第二部分包括第三章、第四章和第五章，其侧重点在从现实角度来探讨创业教育的效果及启示。这一部分分别从中美两国的创业教育案例分析入手，以伊利诺伊大学及中国慕课创业教育为案例，分析两者之间的差异之处，为接下来的政策建议及启示给出现实基础和依据。而后，在分析了差异的基础之上给出适用于我国的比较实用且能提高创业教育效果的教育政策。下面将分别介绍每章节的主要内容。

本书绪论部分主要从创业教育的研究背景、研究意义入手，通过对已有的一些研究做出梳理，在此基础上给出本书的研究内容和思路，以及创新之处。

第一章，分析创业教育的产生以及发展，通过研究创业教育的概念、产生背景及原因、其要达到的目的和适用的方法，为本书的其他章节做出理论上的铺垫。

第二章，主要分析我国政府对创业教育的政策支持，通过研究相应政策的背景、目标、内容及发展趋势，给出我国当前创业教育所面临的政策环境，并同第一章相对应，给出本书的现实基础和政策依据。

第三章，对中美两国的创业教育案例对比，主要通过对美国伊利诺伊大学和中国慕课创业教育的对比分析，从课程设置、实践体系、保障体系、具体特征等方面分析两个案例间的差异，从而为最终的政策建议提供具体的对比分析基础。

第四章，分析我国当前环境下的创业教育所存在的问题，通过将创业教育这一理念视为一个逻辑过程，从其逻辑本质的分析入手，依照其特点对应分析现实中可能存在的一些问题，并对应于这一过程中所具有的特征，给出初步及大略的政策建议范围。

第五章，国外高校创业教育对我国的启示，本章的目的在于结合我国创业教育实际的问题以及国内外具体案例的比较分析结果，结合对创业教育的逻辑本质的分析，在政策建议范围内给出政策建议的具体且可行的思路。

（二）研究方法与创新

本书采用的研究方法主要是文献归纳法、案例分析法以及比较研究法。

（1）文献归纳法。通过对相关文献资料进行查阅、分析、归纳、总结，把握了解研究的前沿动态，开阔视野，从而在前人研究的基础上求得突破和创新。笔者主要查阅了思想政治教育、教育学、社会学、心理学等多方面的文献，把握该选题的研究内涵及基本方面，结合笔者的调查和研究积累，确定本书的研究内容和研究重点，为本书的完成奠定了基础。

（2）案例分析法。本书选取了国内外在大学生创业教育开展比较早，或者有一定经验的高校进行详细分析，总结并提炼它们在创业教育开展过程中形成的特色及成功经验，以期为我国高校提供思路与启示。

（3）比较研究法。社会科学研究中，比较研究法是指按照一定的标准，对某一事物在不同的情况下的不同表现进行比较研究，以找出事物的本质和属性。对于创业教育这一领域来说，运用比较研究法有利于我们更清晰地认识到我国创业教育的不足之处，因为我们国家的创业教育相对欧美国家发展较晚，有必要借鉴其他国家成熟的经验。本书中，我们以创业教育见长的美国为比较对象，将从观念意识、经济体制结构、政策环境以及文化氛围等方面来比较中国与美国创业教育所存在的差距，以更好地促进我国创业教育有效发展。

本书第一个创新之处是，从创业教育的理论和实践两个角度出发，结合所采取的案例，对这一概念的理论内涵、实践问题背后的逻辑层面的关系分析，并以此为基础，在政策建议上也遵循逻辑路径的特点，给出了具有内在联系的政策建议和启示。

本书第二个创新之处是，从创业教育这一概念的逻辑角度出发，对我国当前的创业教育所具有的逻辑点进行分析，并在此基础上将现有问题一一对应，而后给出一些可行的政策建议范围，为实用的政策建议做出了范围上的划定和具化。

第一章
高校创业教育的产生及发展

一、创业教育的概念

　　理论研究的起点要从基本概念的阐释开始，只有充分了解核心词的含义，才能更加有的放矢地进行研究。

（一）创业的含义

　　《辞海》中将"创业"一词的原意解释为"创立基业"或"开创建立基业、事业"。汉代张衡《西京赋》有云"高祖创业，继体承基"。百科释义将"创业"解释为实现价值，开创事业。指出创业是创业者对自己拥有的资源或通过努力对能够拥有的资源进行优化整合，从而创造出更大经济或社会价值的过程。在西方，创业（Entrepreneurship）是从词根 Entrepreneur 演化而来，该词是"企业家""创业者"的意思，由于创业与企业家概念相关联，因而"Entrepreneur"一词也就有了创业的含义。

　　20 世纪 70 年代，随着创业行为在西方的兴起，学者开始关注创业问题，并展开了相关研究。由于学科背景和研究视角的不同，学者对创业的定义和内涵的理解存在较大差异。如著名经济学家 Schumpeter 认为，创业是实现创新的过程，这个创新过程主要包括新产品、新工艺、采用新的生产原料、进入新市场以及制度创新等；美国学者 Drucker 的定义有类似之处，将创业理解为那些能够创造出具有价值的、与众不同的新东西的活动。美国学者 Stevenson 认为："创业是个人（无论是在一定的组织内或者组织外）追踪机会并把握机会的过程，在这一过程中他所掌握的资源情况与这一过程无关。"即他认为创业活动过程的最主要特征是对机会的把握和获取。Peters 提出："创业是个人或者团体通过必要的时间和精力、承担必要的风险，最终获得收益的过程。在这一过程中，承担的风险包含有经济风险、心理风险和社会风险，获得收益包含有经济报酬、个人满足和创造新价值物。总之，创业是创造新事物和承担风险，并获得回报的过程。"根据 Timmons 所著的创业教育领域的经典教科书《创业创造》（*New Venture Creation*）的定义：创业是一种思考、推理结合运气的行为方式，它为运气带来的机会所驱动，需要在方法上全盘考虑并拥有和谐的领导能力。Cole（1965）提出，把创业定义为：发起、维持和发展以利润为导向的企业为目的的行为。

我国的学者对于创业的定义也不尽相同。台湾学者刘常勇（2002）认为："创业是创业者按照自己的想法和努力创建一个新的业务，包括建立新的公司，并提供新产品或新服务，以及实现创业者做企业家的梦想。"刘建钧（2003）认为，创业是一种创建企业的过程，或者说是创建企业的活动。他指出创业活动必然涉及创新，但创新不一定是创业活动。郁义鸿等（2000）认为，创业是一个发现和捕捉机会并由此创造出新颖的服务或实现其潜在价值的过程。有的学者认为，创业指识别或创造机会，并基于根据自身人力资源、资金资源、社会资源、学术资源等去实现自己人生价值的过程。还有的学者把创业定义为：创业是创造者为了获得经济回报和个人价值实现而通过投入相应的智力、财力和时间来研发和提供新产品、新服务或者组建新企业的行为过程。对于创业，虽然学者从各自的研究视角和专业领域给出的定义和内涵并不完全统一，但是梳理之后可以发现，创业还是有狭义和广义之分的。狭义的创业通常指创办一个新的企业，广义的创业一般认为是创造新事业的过程。创业它有几个特点：①创业是创造具有"更多价值的"新事物的过程，这个过程不是有能力、资金、头脑就可以达到，还需要运气、贵人和风水等，所谓的天时、地利、人和都应具备方能成事。②创业需要贡献必要的时间和精力，付出极大的努力。③承担必然存在的风险，在财务、精神、家庭、社会地位等方面。④获得相应的创业报酬、金钱、梦想、地位等，在物质和精神上追求更高的境界。创业作为一个商业领域，致力于掌握创造新事物的机会，此种机会如何出现并被特定个体（团体）发现或创造，这些人如何运用各种方法去利用和开发它们，然后产生良好的结果。对于一个真正的创业者，创业过程不光充满了激情与梦想，还有想象不到的艰辛和挫折，当然，努力的过程、渐进的成功也将带来无穷的满足与幸福。

（二）创业教育的含义

创业教育实践最早起源于 20 世纪 40 年代的美国，普遍认为创业教育的开端是 1947 年 2 月哈佛商学院 MBA 课程"新企业的管理"的开设。20 世纪 60 年代后期，美国百森商学院以 Timmons 教授为代表的一些远见卓识者敏锐地预感到"美国正处在一场静悄悄的大变革"中，即所谓的"创业革命"，从而率先提出了"创业教育"的新思维。20 世纪 80 年代，随着对创业研究的深入，创业教育逐步被提出。20 世纪末，欧洲一些国家纷纷把创业教育列入国家经济社会发展战略的重要组成部分。

对于中国创业教育概念的提出目前学术界有三种说法。第一种发端于 1989 年。多数学者认为，联合国教科文组织 1989 年 11 月在北京召开的"面向 21 世纪教育国际研讨会"通过的《学会关心：21 世纪的教育——圆桌会议报告》，提出了"创业教育"的概念（赵金华等，2012）。第二种发端于 1990 年，将中国作为联合国教科文组织创业教育课题的成员国，由原国家教委组织的五省一市参加的亚太地区"提高青少年创业能力的教育改革合作项目"作为历史发端的标志（刘海涛、贾万刚，2011）。第三种发端于 1988 年，主要原因是以胡晓风先生为代表的中国学者在前两种说法之前已经明确提出并深入阐释了创业教育的思想，并在这一思想的指导下开展了一定范围的创业教育试验。

随着创业教育浪潮的推动与积极效应的影响，各国学者对创业教育的研究不断深入。对于创业教育的内涵，也是众说纷纭。Drucker（1985）提出了创业的能力是可以学习而得之的，他认为创业的能力跟基因毫无关系，既不是一种魔力也并不神秘。创业是一门学科，并且和其他学科一样可以通过学习拥有这种能力。同时，教育也可以在潜在企业家创办新企业时发挥准备功能，即把知识和相关技能转化为一种提高创业能力的效能（Bandura，1986），他认为创业教育的这个准备功能不仅可以帮助已经有小型企业的业主和大企业的管理人员，还可以帮助潜在企业家。Plaschka 和 Welsch（1990）认为，创业教育是创新、生产力和有效竞争力的关键。创业教育是一种新的生产力。通过创业教育，造就了大批具有创新精神和创造能力的人才，他们运用掌握的知识和技术创办企业，将科学技术转化为劳动生产力或物质生产力，直接提高了科学成果的转化率，极大地促进了高科技产业的发展。因此，创业教育是一种经济发展的主要推动力。Colin 和 Jack（2004）则认为，创业教育是提供学生具备认知创业机会能力的一种教育过程，使其具备创业行动所需的观察力、知识和技能，它是培养人的创业意识、创业思维、创业技能等各种创业综合素质，最终使被教育者具有一定创业能力的教育。1989 年"面向 21 世纪教育国际研讨会"指出：创业教育从广义上讲是为了培养具有开拓性的个人。世界经济合作和发展组织专家柯林·博尔在《学会关心：21 世纪的教育——圆桌会议报告》中总结到：创业教育通过开发、提高学生创业的基本素质和能力，使学生具备从事创业实践活动必需的知识、精神、能力和心理品质，是未来的人除了学术性和职业性的"教育护照"之外应该掌握的第三本教育护照。胡晓风（1991）认为，创业教育首先是一种新的教育模式，要点

"在于把家庭教育、学校教育、社会教育融为一体，并以学校教育为主体，建构教育的整体"。创业教育其次是一种新的教育理论。"创业教育就是培养人生志在创业的创造教育，就是构建合理的人生的教育，或者说是提高人生质量的教育"（胡晓风等，1989）。创业教育是深化教育改革的新措施。创业教育是立足社会主义初级阶段的实际情况，解决教育为经济建设服务问题的具体措施。1990～1995年，江苏省教育科学研究所的毛家瑞等人出版了《创业教育学》，他们认为"创业教育是以开发青少年创业能力为核心的，以提高青少年作为未来创业者整体素质为内容的，以培养具有开创性的社会主义建设者为目标的教育"。2000年，彭刚出版了《创业教育学》，认为创业教育是指以开发和提高青少年的创业基本素质，培养具有开创个性的社会主义建设者和接班人的教育；是在普通教育和职业教育基础上进行的，采取渗透和结合的方式在普通教育和职业教育领域实施的，具有独立的教育体系、功能和地位的教育。2004年，刘沁玲出版了《知识创业论》，认为高校创业教育应该是在系统的专业教育基础上，通过改革教学内容和方法，使学生能够把专业知识和创业知识有机结合，综合培养学生的开创性个性和创业能力。

通过对上述概念的梳理，我们不难看出，创业有狭义和广义之分，创业教育也有狭义和广义两种界定。狭义的创业教育是一种培养学生从事工商业活动的综合能力的教育，使学生从单纯的谋职者变成职业岗位的创造者。广义的创业教育是培养具有开创性精神和创新创业能力的人，这在实质上也是一种素质教育和终身教育的体现。虽然研究者对创业教育概念的认识和研究不尽相同，但是，关于创业教育在于培养创业精神、创业意识、开发创业个性、创业能力的观点却是一致的。

二、高校创业教育的产生背景及原因

（一）高校创业教育的产生背景

1. 部分国家高校创业教育产生的背景

（1）美国高校创业教育产生的背景。美国是创业教育起源最早的国家，其理论研究和教育实践均走在世界各国的前列。1947年，美国哈佛商学院由 Mvles Mace 教授率先设立的"新创企业管理"课程被大多数创业者认为是美国的第一门大学创业学课程，这是创业教育在美国高校起源的标志。

创业教育于"二战"后产生于美国是由多方面因素促成的结果。在政治方面，西进运动、进步运动以及罗斯福新政出台的大量鼓励和支持个人开拓进取、创业创新的法律法规，成立的联邦专利局等部门，为创业教育的产生创造了良好的制度环境。在经济方面，经历了大萧条及"二战"之后，经济复苏，大量技术发明和科学发现刺激了创业的热情，商界大亨为创业者树立了成功的榜样，政府介入干预经济，遏制垄断、扶植小型企业，也对创业起到了催化剂的作用。在文化方面，实用主义的思潮主张财富才是硬道理，个人主义将自身的价值与个人的拼搏和奋斗紧密地联系在一起，敢于冒险、勇于创新的美国精神使很多美国青年无法满足受雇于人的平庸稳定的生活。在这样的背景下，社会对创业教育的需求大大增加，人们对创业教育越来越重视。20世纪80年代，以比尔·盖茨为代表的科技创新的创业者掀起的"创业革命"，有力地推动了高校创新创业教育的发展。

美国的创业教育是高校关于"为了每一个学生的自由发展"的承诺，

目标是为促进学生的多元化发展而服务，并不是单纯为获得一份工作的"就业式"教育，以造就"最具革命性的创业一代"为其价值取向（房欲飞，2004）。

（2）英国高校创业教育产生的背景。英国创业教育发端于1982年的"大学生创业"项目，该项目的动机主要是为了解决就业问题，具有很强的功利性目的，并以企业家成为目标。20世纪80年代以来，英国高校掀起了从"研究型大学"到"创业型大学"演变的第二次学术革命，启动旨在培养大学生的可迁移性创业能力，要求将与工作相关的学习纳入课程之中，并鼓励学生为自己学习负责的"高等教育创业"计划，开启了高校大学生创业教育的开端。

相对于美国，英国的创业教育起步较晚，促成的因素也有很多。在社会层面，20世纪70～80年代，由于全球石油危机引发英国的经济困难，政府和企业对高层次人才的需求量加大，高等教育经费的减少，创业园区的办学形式和模式的兴建等，为英国创业教育萌芽提供了契机。在政策方面，政府设立基金会，作为高等学校创业教育的主要经费来源。有专门部门负责制定与创新创业有关的立法和政策，各项政策与创新创业教育政策互相协调配合，建立了良好的大学生创新创业的政策环境。在机构建设方面，专款创建了英国科学创业中心（UK‒SEK）与全国大学生创业委员会（NCGE，全面负责国内的创业教育）。在文化方面，虽然英国的创业文化不如美国浓厚，但是自20世纪80年代以来，在政府主导和社会的支持下，整个社会的创新创业氛围已经日渐浓厚。

英国的创业教育自20世纪80年代以来，在观念和具体实施上发生了很大变化，从初期的功利性教育到非功利性的创新创业意识、品质精神的教育，再到后来的创业文化的产生和建立，都进一步地推动了英国高校创业教育的蓬勃发展。

（3）日本高校创业教育产生的背景。1995年，日本制定了《科学技术基本法》，极大地促进了日本创业教育的产生和发展。日本高校的创业教育是从20世纪90年代末期发展起来的，其最初的目的是培养学生成为企业家，属于功利性的创业教育。

与北美西欧国家不同的是，由于日本崇尚集体、忠诚意识，不提倡个人主义和冒险精神等，其创业教育呈现出明显的政府主导特征。日本创业教育的产生跟政府的行为密切相关。在经济方面，20世纪90年代初，日本泡沫经济崩溃后，经济长期萧条迫使日本寻求产业结构调整。培养学生成为企业家，刺激经济复苏，缓解经济危机带来的就业压力，是其创业教育最初的目的。在社会方面，2005年，日本人口首次出现负增长，同时面临少子、老龄化特征，构建基于青年人能力的教育框架和开展系统的创业教育成为摆在日本面前的命题。政策方面，政府作为主力军，出台了一系列鼓励大学生创业的政策措施，设立创业支援人才助成基金，加强创业孵化器等基础设施建设等，为鼓励创业者创新创业提供了全方位保障。日本政府的种种措施，都为大学创业教育的开展提供了非常好的"基地"。

值得一提的是，日本的创业教育具有很强的连贯性，是一个从小学到大学的连续不间断的教育。从学生一生的创新创业能力培养出发，在不同的阶段对学生开展不同形式的创业教育，这样的教育过程为学生大学的创业教育打下了良好的基础。

（4）新加坡高校创业教育产生的背景。新加坡是亚太地区开展创业教育较早的国家，并且走在了亚太地区的前列。创业教育作为其国家教育体系中的重要内容，有其鲜明的特色。

在新加坡，创业教育的发展与其经济的发展密不可分。早在1959年新加坡就确立了"发展实用教育以配合工业化和经济发展的需要"的指导思想，后来又确立了"教育必须配合经济发展"的教育方针。20世纪70年代，其经济发展由劳动密集型工业到高附加值的资本、技术密集型和高科技产业的过渡，1997年金融风暴后大力扶持和促进本地企业尤其是中小企业的发展等，国家经济形态的改变促进了创业教育研究的开展以及创业教育实践的飞速发展。此外，为促进高等教育的发展，新加坡政府设立专项支出，用于创新创业，风险投资和技术转移。新加坡高等教育文献保障系统显示：EDB制订了多项优惠扶持计划促进创业活动的实施。经济发展的需要、政策措施的营造都给新加坡创造了良好的创业环境。

新加坡作为一个岛国，其地域和资源非常有限，从其独立之初就走上了工业化的道路。受整个国际大环境的影响及自身不断发展的需要，经济战略一次又一次有了新的目标。经济发展的每一次转型都给高校的创业教育带来了跨越式的发展。

2. 我国高校创业教育产生的背景

（1）内部因素。

1）历史背景。中共十一届三中全会召开以后，中国进行了改革开放，开启了社会发展的新征程。面对新形势、新任务，1980 年 1 月 16 日，邓小平同志在中共中央召开的干部会议上明确提出了在全党全社会进行"艰苦创业"教育的重大任务。讲话中，邓小平明确提出了中国实现四个现代化的四个基本前提，其中之一就是"要有一股子艰苦奋斗的创业精神"。他认为："中国搞四个现代化，要老老实实地艰苦创业。"要确保艰苦创业的有效展开，就需要对全社会进行艰苦创业教育。在此，真正将创业和教育结合起来，并上升到了国家发展战略高度。1987 年召开的党的十三大，明确把"自力更生、艰苦创业"写入党在社会主义初级阶段的基本路线。但"艰苦创业"并非自然而然进行的，需要对人民进行教育，而且是长期的教育。在这一思想指导下，"艰苦创业"教育引起了全社会的广泛关注，在广大党员干部带领下在各行各业广泛地展开，高等教育界更是积极响应。这一时期"艰苦创业"教育在理论层面的标志性成果，就是孕育了属于中国新时期的"创业精神"。1999 年，国务院批准教育部制定的《面向21 世纪教育振兴行动计划》，对创业教育做出了部署，拉开了我国高校实施创业教育的序幕。

2）经济背景。改革开放以后，我国面临着很多新问题、新任务，"改革创新""创业"成为当时社会的一种必然选择。当时我国还处于市场经济没有明确确立的计划经济时期，人们很少会从创办企业的角度理解创业。一般都视创业为开创基业，更多的是体现创新特质的岗位创业或内创业，其实践结果是涌现了大量岗位创业的典型人物和事迹。同时，这种特殊时期的艰苦创业教育也催生了狭义的新企业创办的创业，即盛行于20世纪80年代末90年代初的"下海"经商创业。改革开放以来，我国的经济建设取得了一定的成绩，但经济发展后劲不足、质量效益低下和国际竞争力不高的弊端也日益显现。究其原因，主要是对教育科技在经济社会发展中的重要作用认识不到位、重视不够造成的，而加强创新创业教育是有效解决这个矛盾的途径之一。可以说，中国的创业教育实际上是随着改革开放的步伐发展起来的。2008年，美国次贷危机引发了金融海啸，逐步演变为国际经济危机。我国一些中小企业纷纷倒闭或破产，带来的是大量劳动力的减薪或者失业。面对经济危机的现实背景，需要大量的创业活动和创业者来确保国家经济健康快速发展，这极大地推动了创业教育的发展。

3）时代背景。

①知识经济是高校创业教育的直接背景。21世纪是以创造、创新、创业为特征的世纪。在高校开展创业教育，是知识经济时代高等教育面临的重要课题，是顺应知识经济时代需要的必然选择。知识经济时代的高等教育不仅是知识教育和学历教育，更应该是创新教育和创业教育。

②政府倡导是高校创业教育的政治背景。改革开放以来，我国政府逐年加大了对大学生就业创业的扶持力度。各级政府先后出台了一系列优惠政策，鼓励和支持大学生自主创业，并采取各种措施和手段努力贯彻落实各项优惠政策，为大学生创业营造了良好的社会环境。在这样的政治背景下，高校创业教育迎来了发展的春天。

③全民创业是高校创业教育的宏观背景。中国的创业教育是全民性的创业教育，其发端阶段的鲜明特点是体现了大创业观和大创业教育观，是着眼于培育整个中华民族创业精神、自上而下全力推动的、面向全体的全民性创新创业教育。改革开放以来，数以万计的中国人"下海"，其中不乏高校毕业生，独自创办企业和公司，创造了大量财富，成为中国社会主义市场经济不可或缺的一部分。在全民创业的宏观背景下，我国高校创业教育发展迅速。

（2）域外影响。国外创业教育的影响也是促成我国高校创业教育产生的重要因素。比较显著的有两次，一次是来自联合国教科文组织，另一次是来自美国。

1）联合国教科文组织。1989年11月联合国教科文组织在北京香山召开了"面向21世纪教育国际研讨会"，会上提出了"Enterprise education"这个概念，起初被译为"事业心和开拓技能教育"，后来，学者彭钢在研究中将其译为"创业教育"。1990年下半年，在联合国教科文组织的推动下，我国作为联合国"提高青少年创业能力的教育联合革新项目"成员国，由原国家教委基础教育司劳动技术处牵头，从1990年至1995年在北京、江苏、湖北、四川、河北、辽宁五省一市进行了为期五年的创业教育理论与实践研究。这个为期五年的创业教育项目，不仅让学者积累了高水平的学术成果，更给中国创业教育带来了显著的影响。一方面使事业心与开拓技能成为创业教育追求的重要目标，另一方面催生了中国创业教育学的初步形成与发展。

2）美国高校创业教育的影响。1995年，全国科技大会提出："创新是一个民族进步的灵魂，是一个国家兴旺发达的不竭动力"。由此可见，创新人才培养问题引起了全社会的高度关注。正是在这样的背景下，作为西方创业教育典型代表的美国自然而然地被我国的高等教育高度关注并主动借鉴。1997年，由清华大学计算机系的36名硕士和博士组织成立了清华科技创业者协会，并决定参照美国麻省理工学院的商业计划大赛举办"创业计划大奖赛"。1998年首届清华创业计划大奖赛举办。自此，清华大学、北京航空航天大学、复旦大学等高校针对创业教育开始了各具特色的有益探索。我国教育部对高校创业教育也展开了一系列有着里程碑式的新举措。例如，1999年教育部《面向21世纪教育振兴行动计划》明确提出要"加强对教师和学生的创业教育，采取措施鼓励他们自主创办高新技术企业"。2002年教育部在清华大学、中国人民大学、上海交通大学等九所学校开展了创业教育试点工作。2008年教育部立项建设了30个创新与创业教育类人才培养模式创新实验区。这些研究与探索呈现了多种模式，但其中一个很突出的特征就是这个阶段很多学校都深受美国创业教育理念和模式的影响。

（二）高校创业教育的产生原因

创业教育是随着知识经济时代的到来产生的一种新的教育思路，最初萌发于美国，现已在全球兴起。创业教育的出现不是偶然现象，是和高新技术的产生、发展和广泛应用结合在一起的。虽然各国开展创业教育的历史、文化等背景因受国家的整个发展历程及发展阶段影响不尽相同，但从教育本身出发及教育与社会发展的相互作用来看，我们可以提炼出很多相似的东西，而这些就是促进高等学校创业教育产生的原因。

1. 创业教育顺应人生价值体现

（1）创业教育促进学生全面发展。人的全面发展在本质上是对人更丰富、和谐发展的理想与信念，其在不同时代有不同的解读与实践方式。创业教育正是当代教育对人的全面发展的最好的实践方式。以育人为根本，促进学生的全面发展，是高校创业教育最根本的价值体现。创业教育从广义上讲是通过相关的课程体系整体提高学生的创业素质和创业能力，培养具有首创精神的个人；从狭义上讲创业教育主要是培养学生创办企业的能力，通过企业知识的学习推动部分学生直接创业，在解决自己就业的同时，为他人、为社会创造新的岗位，同时实现自己的梦想。

创业教育注重激励和引导学生认识自我、发展自我。通过各种形式的创业活动，使学生养成包括逻辑性、批判性、创造性的思维模式和思考方式；在知识体系构建中以问题和需求为导向，引导学生将理论知识转化为自身内在的知识，形成运用、研究、创造新知识的能力；通过给学生提供各种实践平台和机会，磨炼其不怕失败、锲而不舍、精益求精、追求卓越的人生态度和精神品质；最大限度地观照学生的个性特征，因材施教，注重体验和实践，注重调动每一个学生的积极性、主动性和创造性，让学生在生动活泼的体验中获得全面发展。

（2）创业教育助推学生实现财富追求。创业就是创业者对自己拥有的资源或者通过努力能够拥有的资源进行优化整合，以一定的方式，转化、创造出更多的财富、价值，并实现某种追求或目标的过程。创业为毕业生提供了实现自我雇佣的额外选择。激发学生的创业热情，提高学生创业的可能性和成功率是创业教育要达到的目标之一。即使受雇于人，创业精神和创业意识也为毕业生带来更多发展和提升的机会。无论是自我雇佣还是受雇于人，创业教育都为学生获取财富提供更多的机会和可能性，而财富的实现则会使创业者赢得更多的社会尊重，社会对创业行为的褒扬又会推动创业者进一步发展企业，这样的良性循环助推毕业生实现财富追求，进而使创业教育发展为当今世界教育的重要趋势之一。

创业教育作为一种教育理念和教育实践，势必要上升到以社会责任为己任来开创事业的理性层面和价值论的高度，但我们也不能忽视了创业活动创造财富和利润的功利性作用。目前，世界上绝大多数民族文化中，财富的拥有和支配都是社会群体衡量一个人价值的主要标尺。不可否认创业教育能够促进财富的实现，确实是对学生进行创业教育的一种激励和鼓励，我们要更多地从积极的、正面的角度来审视创业教育这一所谓功利性的特点。

2. 创业教育促进大学发展

（1）创业教育架起大学发展的协作桥梁。创业教育架起了高校与企业之间直接沟通的桥梁，真正实现"产、学、研"的有机结合。大学的科技成果迅速地转化为现实生产力，导致新兴工业、新兴行业的出现，有力地促进了产、学、研的有机结合，避免了以前高校闭门教学、企业闭门生产的被动局面，有力地促进了国民经济的发展。

创业教育是跨越边界的，它能在各个学院和各个学科之间架起沟通的桥梁，为大学各个机构之间创造更多的合作机会。理想状态下，创业可以在大学的科学、工程、经济商务、政策及技术这五个要素之间发挥综合协作效能。创业教育项目可以创造一个全校范围的创业社区和创业网络，连接商学院专家和全校各种创业点子和创业技术，有成效地促进技术协作、技术发展及技术商业化，有时还能发展新型企业。

创业教育促进学科间的协作，加强大学与产业的关联，催生高科技型新企业。大学或是通过建立研究中心以吸纳企业资金注入；或是成立技术转移办公室聚焦将大学机构所取得的学术成果商业化，以巨额资金的回报授权公司使用新技术的权利；或是基于新技术自己创办企业，还可以以新技术为资本在公司中拥有股份等，这些协作、关联及新型企业的创办或高新技术的转让，无疑夯实了大学发展的资金基础。

（2）创业教育强化大学发展的人才基础。首先，对于高校而言，大学生创业教育的开展有助于高校人才培养理念的革新。"高等教育本身就是人才培养模式不断推陈出新的过程，创业教育是素质教育推进的必然要求和重要体现。"（夏春雨，2004）创业教育之于国家经济竞争力及高校可持续发展的重要性，促使高校将创业人才的培养与研究型人才、应用型人才的培养置于同等重要的地位，使高校人才培养目标更趋务实与多元。

其次，创业教育是夯实大学发展人才基础不可或缺的途径和手段。在高等教育发展到知识社会、信息技术、经济全球化的新时代背景下，创业教育回应社会和经济结构调整对人才的需求，致力于提高国民素质、扩大就业渠道、激发青年创业热情。高校创业教育的开展，有利于培养出大量具有创业意识、创业精神和创业能力的人才，有利于培养具有国际竞争力和适应国际化发展的新型人才。

最后，创业教育能帮助大学留住有创新潜质的教师。大学教师一般都同时担负着教书育人和科学研究的双重任务。如果他们的潜心研究能够实现技术成果转移或科技成果商业化，在实现自己研究目的的同时，还能得到相当的经济回报或享有知识产权所有权，这将大大激发他们继续从事教书育人和进行科学研究的激情和动力。财富的获得、梦想的实现，无疑对大学稳定人才队伍发挥了重要作用。

3. 创业教育回应社会经济需求

（1）创业教育缓解社会就业压力。就业是民生之本，创业意味着"自我就业"和实现就业的倍增效应，因而创业是发展就业之路。创业教育将创业融入教育过程，帮助学生更好地了解创业的内容，更好地了解学术研究与商务世界的有效结合。对创业的了解有助于学生做出多样化的职业选择，增加就业的成功率。

各国发展创业教育的经验表明，创业教育是高等教育适应就业形势变化需要，缓解国家就业压力，实现大学生充分就业的有效途径之一。通过实施创业教育可以培养和造就数以百万计有创业精神和创业能力的小型企业家，使大学毕业生不仅是求职者，更是岗位的创造者。这样既可以增强国家经济活力、促进社会经济发展，又可以优化人力资源配置，缓解社会就业压力。这种以创造性就业和创造新的就业岗位为目的的创业教育，是知识社会、信息时代和经济全球化背景下高等教育发展的理想选择。

（2）创业教育推动经济发展。从全球范围来看，1973 年，石油危机引发了"战后"最严重的经济衰退，大企业提供的就业岗位日益减少，8% 以上的就业机会是由新创企业创造的，特别是硅谷地区诞生了一大批创业者，以高科技为导向、不断创新的创业型企业迅速发展，不仅支撑了各国经济的发展，而且为社会创造了更多的就业机会。全球创业教育的兴起与世界经济的转型有着密切的关系。

波士顿银行 1997 年发表了一份研究报告，说明了研究型大学对国家经济发展的重大影响。报告指出，与麻省理工学院相关的公司已在美国 50 个州设有 8500 多个工厂和办事处；MIT 的毕业生和在校教师已在全球创建了 4000 多家企业，就业人数 110 万，年销售额高达 2320 亿美元。充分利用研究型、创业型大学实现军事、经济与社会发展目的，是美国科技产业乃至经济跨越式发展的真正法宝（李平，2010）。

创业型经济需要创业者来推动，创业人才的培养需要创业教育。从这个意义上来讲，创业教育是经济发展的内在驱动力。通过实施创业教育，增强大学生的创业技能与主动精神，塑造未来企业家群体，使之成为产业升级、科技进步、经济发展的新动力。随着高校创业教育的深入推进，将进一步推进高校与经济社会发展的良性互动。

三、高校创业教育的目标及内容

（一）高校创业教育的目标

从把创业教育纳入整个国民教育体系的美国，到提出"要使高校成为创业者的熔炉"的德国，从把创业教育作为"社会发展之急务"的日本，再到提出"大学自我就业教育"的印度，创业教育已成为世界教育发展的趋势和方向。本着对创业教育不同的愿景和定位，对创业教育的目标也有不同的认识。

1. 按照创业所需的素质要素分类

按照研究者所理解的创业所需素质要素的不同，国外学者把创业教育目标按照知识、能力等分类。例如，Jamieson（1984）认为，创业教育需要达到三大类别目标：创业意识（Education about Enterprise）、创业所需的能力（Education for Enterprise）和企业运营能力（Education in Enterprise）。Sexton 和 Kasarda（1992）则结合社会背景，认为创业教育课程要达到的目标有四个：一是帮助学生为将来生活做好准备；二是增加学生可持续的学习能力；三是帮助学生实现个人抱负；四是增强学生的社会责任感。Johannisson（1991）则认为创业教育要达到五大目标：培养学生正确的创业动机和态度（Know Why）；培育创业所需的能力和技能（Know How）；知道在创业中与谁交往和合作（Know Who）；对时机有敏锐的洞察力（Know When）；创业必备的知识（Know What）。

国内的一些学者结合中国传统文化中的积极因素，也对创业教育的目标进行了研究，他们与国外学者的区别主要在于目标分类的标准不同。从目标的数量上看，国内学者的划分也不同，少则一个（如创业素质），多则五个（创业意识、创业精神、创业知识、创业能力与技能、创业心理品质）。如李景旺（2006）认为，创业教育的目标是"培养受教育者的创业基本素质和开创型个性，使受教育者具有基本的创业意识、创业心理品质、创业能力，形成主动进行研究性学习的意识和习惯，具备独立生活、工作的能力和较强的社会适应能力"。曾成（2007）认为，高校创业教育的总目标在于培养大学生的创业素质，使之能适应变革中的创业社会；重在培养创业意识、发展创业个性和提高创业能力，使受教育者成为具有创业素质的高级专门人才。

2. **按照研究者的不同角度分类**

学者由于所研究的角度不同，对创业教育的目标认识也有所不同。通过对文献的梳理，可以看出学者对创业教育目标的认识大致有以下几个角度：

（1）从创业教育的教学要求上看，教学目标的设立应同时考虑基本理论目标，实验实践目标和课外目标。

（2）从教育促进经济社会发展和促进个体发展的双重功能看，创业教育的目标：一是应培养学生能够自谋职业、创业致富，成为推动经济社会发展和进步的积极力量；二是要具备良好的个性心理品质，较强的技能和合理的知识结构，能够适应社会生活、产业结构调整和劳动力市场的变化，开创自己事业和生活的新领域（毛家瑞，1992）。

（3）从高等教育培养的目标看，高校创业教育的目标是适应国内外高等教育改革和发展的趋势，通过培养大学生的创业知识和开拓性个性特征，促进其形成健康的创业心理，激发创业兴趣，转变大学生的就业观念，培养其创新精神、创新意识和创新能力，为国家培养更多的知识型高层次创业人才（刘沁玲，2004）。

综合以上观点，创业教育的总体目标应当是使受教育者具有较高的创业意识，在深入掌握专业知识和专业技能的基础上具备高层次的创业能力，形成稳定的创业基本素质和开拓型个性特征，具有较高的发展潜力、竞争能力和社会适应性，在深入掌握专业知识和专业技能的基础上具备高层次的创业能力。

3. 按照创业教育的功能性分类

所谓创业，即创立基业，包括创建企业、开拓产业、开创事业等。在创业教育发展的不同阶段，学者对创业教育目标和功能的理解也不尽相同。一般认为可以分为功利性创业教育和非功利性创业教育。

（1）功利性创业教育。指以岗位职业培训为内涵，教会学生创办企业或公司。这是以快速培养企业家为目的的教育。很多国家在起初开展高校创业教育的时候，所设置的课程内容和授课形式都是围绕着怎样有效培养企业主而来的。例如，英国早期的大学生创业项目、日本 20 世纪 90 年代末期开展的创业教育等，其最初的目的是培养学生快速成为企业家，以缓解经济危机带来的就业压力，均属于功利性的创业教育。

美国考夫曼企业家精神研究中心将创业教育定义为向个体教授理念和技能，以使其能识别被他人所犹豫的事情，包括机会认知、风险性的资源整合、开创新企业和新创企业管理等内容。还有学者认为，创业教育就是在公司与教育机构之间架起一座桥梁，给学生创造机会使他们能够与真正的企业家或发明家接触，在课程之中向学生介绍更具体的经商知识，使学生能够更恰当地根据现实情况做出商务决定。

创业教育在各个国家的早期发展阶段，往往是用来有效缓解或者解决经济、政治、民生等方面的压力而产生的，其功利性的作用显而易见。

（2）非功利性创业教育。随着理论研究的不断深入与实践活动的不断深化，企业家精神教育逐渐扩大范畴，将企业家精神与大企业管理的相关内容融合，形成企业家型战略、企业家型领导、企业家型营销等课程，旨在培养富有企业家精神的管理人才，使新时期的劳动者掌握企业家技能。创业教育从以创业为导向的企业家精神教育模式，转向寻求创业者整体创业素质的提高，与之相伴的是功利性创业教育理念向非功利性创业教育理念的转变。非功利性创业教育的目标主要侧重对创业者素质的提高，揭示创业的一般规律，传承创业的基本原理与方法，使受教育者具有创业意识、创业思维、创业个性心理品质和创业能力。

此外，越来越多的研究者认为创业教育的目标需要得到进一步拓展。高校创业教育不是只针对少数有创办企业或公司潜质学生的技能性教育，而应是面向全体学生的综合性教育，其宗旨是为学生终身可持续发展奠定坚实的基础。有调查显示"53％的欧盟高等教育机构表示其创业教育的目标是'为所有学生提供创业教育机会'，48％的高校标识其创业教育的目标是'将创业意识渗透进所有的课程'"。这些都是对创业教育目标的拓展性理解。

4. 站在人才培养的角度对教育目标进行分层

创业教育是高校主动顺应时代发展而做的一次人才培养模式的深化和转变。高校创业教育与人才培养一样，其实质都是培养什么样的人才的问题。创业教育着眼于人的创业素质培养，这个可以说是学者当前比较公认的对于创业教育目标的理解。但是，创业教育的目标不能一概而论，不同的教育层次有不同的教育目标。结合社会现实状况、学校办学类别、学生自身条件等因素，学者们对总目标进行了分层。有学者从纵向维度对高校创业教育的目标进行三级分层，每个层级横向上都有相应的知识、能力、品质等创业素质要求。第一层级：具有良好创业素质的社会公民。这一层级的创业教育目标具有非常大的普适性，它面向所有的大学生，贯彻的是创业精神的普及原则。第二层级：自我工作岗位的创造者。这一层级目标的实现既是第一层级创业教育目标的发展，也是实现更高层级目标的前提和基础。第三层级：新型企业的创办者。培养新型企业的创办者（New Entrepreneurs）应是当前社会背景下创业教育的最高理想和追求。这一目标的实现是在创业教育第一层级目标和第二层级目标实现的基础上，通过创业者个人主体创新意识的张扬及其与社会关系的良好互动，最终实现一种最高层次的就业。

此外，高校创业教育目标还存在校际差异，不少高校都建立起了校本特色的目标体系。不同类型的高校对创业教育的目标要求不尽相同。缔造硅谷的斯坦福大学，将"创业是科学知识价值的终极体现"的理念贯彻于教学之中，使学生树立创业的价值观，并配之明确的成果转化程序和公司创办程序，在校企之间形成了良好的产学研共生互动的良性局面。① 1982年被誉为"美国创业教育之父"的杰弗里·蒂蒙斯出任百森学院教授，他提出了具有时代性和战略性的教育宣言，即为美国培养"最具革命性的创业一代"。

（二）高校创业教育的内容

创业教育的内容体系规定了创业教育的方向，是进行创业教育的依据。学者从各自研究的角度，对高校创业教育的内容进行了划分。例如，彭刚（1995）认为，高校创业教育可以分为四个部分：创业意识、创业心理品质、创业能力和创业社会知识结构。徐华平（2004）则从"知识、能力、人格"三个层面对创业素养的内涵进行阐释。下面将从以下几个方面阐述高校创业教育的内容：

1. 创业意识的培养

创业意识指在创业实践活动中对创业者起动力作用的个性意识倾向。思想是行动的先导，没有创业意识的创业行动很难走向成功，因此创业意识是创业教育的重点内容。

（1）创业价值的认同。对创业价值的认同是认知问题，就是从内心深处真正认识到创业的作用与意义。于大，创业对经济社会发展具有重要的价值。于小，创业对个体自身发展具有重要的价值。前者集中表现在对促进经济发展与解决社会就业两方面的贡献。创业活动带来了技术创新、组织突破、产品创造和物质财富的积累集聚，是经济发展的主要动力；在促进经济发展的同时，创业活动创造了大量就业机会，使社会收入的分配更趋公平，失业带来的社会矛盾有所缓和。创业的个人发展价值，主要是造就了新的创业者，他们通过创业实践将聪明才智转化为物质财富，改变了个人的社会地位和生活方式，甚至创造出更多的就业岗位，改变了其他人

---

① 国务院学位委员会办公室. 透视与借鉴——国外著名高等学校调研报告（2008年版下）[M]. 北京：高等教育出版社，2008：1523－1524.

的生活和命运。可以说，这些创业者个体在获得物质财富的同时，收获了极大的精神享受。

对创业价值的认同首先是创业需要，创业需要是主体对现有存在与发展条件的不满足感，并由此而产生的新的要求、愿望与意向，创业需要是一种最低层次的创业意识，创业需要只有上升为创业动机时创业行为才可能发生。创业动机与创业需要是紧密联系的，创业需要是产生创业动机的基础和推动创业实践活动的内因。创业价值需要的第三点是培养创业兴趣，这是一种较高层次的创业意识，但也有待上升为更高层次的创业意识。

（2）创业理想的树立。你的理想是什么，每个人都会有自己的理想吗？理想可大可小，可近可远，它是人生观、价值观和幸福观的集中体现。过去，我们倡导的是要为国家的共同理想和最高理想奋斗终生，现在我们强调的是在实现党和人民共同理想的征途上，对于个人理想的尊重。创业理想来源于现实，是现实的某种反映，必须使创业理想同社会发展的趋势结合起来，才会产生巨大的精神力量。在当前国家大力倡导创新发展的时代，高校更要肩负起应有的使命，教育学生通过确立自己的创业理想，并通过有效的创业活动，追求个人理想的同时，为社会带来新的价值。

创业理想是指人们对未来的工作部门、工作种类等的创造性向往，是创业意识的较高形态。创业理想既反映了一个人的人生目标，也反映了对美好生活的向往与追求。如果大学生确立了崇高的创业理想，就能自觉地把自己的命运、前途与整个社会的需要和发展联系起来。把美好的创业理想转化为创业现实，必须付出辛勤的劳动。创业理想往往通过创业目标来表述，创业目标是人生理想的现实体现，是激励创业主体保持创业行为的持久性，向着既定目标前进的精神动力。高校要指导大学生在正视现实的基础上确立自己的创业目标，选择适合自己的创业发展方向，在适当的时候投身社会创业，最大限度地发挥自己的特长与能力，实现自己的人生价值。

（3）创业情感的激发。创业情感是形成创业意识的重要动力，它是创业者在创业社会实践活动中表现出来的对事业的兴趣、爱好和憎恶表现。创业者只有对所从事的创业活动产生浓厚的兴趣，才会激发创业的情感，产生创业的需要，变成创业的自觉行动。实践表明，创业者的创业兴趣既能转化为创业动机，也能促进创业技能的发展，达到提高创业成效的目的。事业要获得成功，愿望要得以实现，都需要有我们常说的所谓的"激情"。创业激情是战胜挑战、克服困难、化危为机的重要条件，能催促我们在创业中奋勇拼搏、不断进取、创造新业绩。因此，高校实施创业教育，必须重视对学生创业情感的引导和教育，激发学生的创业激情，给他们一个不断释放自身智慧和潜能的情感动力。分析掌握学生的情感特征与心理特点，引导学生去思考并表现在实际行动上。第一，要能够通过教育教学培养创业情感，不仅让大学生的认知参与，还要让他们情感介入，使每个学生能知道创业教育的现实意义和对个人的发展价值，使学生体会到创业是自己的一种责任和使命。第二，通过树立创业榜样来激发学生创业情感。榜样的力量是无穷的，可以通过请自主创业成功的校友返校作报告，用活生生的事例教育在校生，激发他们去思考，使他们树立自信，强化创业意识和欲望。第三，要有意识地指导学生有效地进行有关创业的体验，应主动建立与社会结合的大学生创业活动基地，为学生提供活动平台，通过社会实践培养大学生的创业情感。

2. 创业能力的内容

创业能力既是一种具有很强的社会实践能力，又是一种以智力为核心的具有较高综合性的能力，更是一种具有创造性特征的能力。创业活动是创业者在识别创业商机的基础上，应用多种资源实现创业目标的过程。一个成功的创业者，不仅需要创业意识和创业精神的支持，而且要有解决创业问题的本领，这种本领就是所谓的创业能力。创业能力是创业成功的重要因素。基于创业能力在创业过程中的重要性，创业能力的培养理所当然地成为高校创业教育的重要内容。

创业能力不仅包括认知活动的范畴，还应包含情感活动的范畴，包括成功开展创业活动所需的各种能力。

（1）创新能力。在大学生创业实践中，创新能力具有重要的意义，伴随整个创业过程。在一定程度上说，创业本身就是一种创新，优秀的创业者一定也是一名成功的创新人才。可以说，创业是创新的载体，创新是创业的灵魂，"创新能力的大小会影响创业能力的强弱"。具体来说，创业中的创新能力就是创业者在创业活动中表现出来的一种独特解决问题的能力，是一种创造性的思维活动。创新能力不是一种具体的能力，它蕴含在其他各种特殊能力之中，通过具体的创业活动发挥其作用。大学生群体掌握丰富的科学文化知识，了解经济社会发展的前沿，创新性是他们突出的特点。

（2）机会开发能力。创业过程始于发现创业商机并把握创业机会。成功的创业者需要具备敏锐的机会开发能力。创业者要从成千上万、纷繁复杂的商机中发现有利的商机，然后通过评估，最终发现适合创业的机会。具体来说，机会开发能力包括两个方面：一是要具备市场洞察能力，要学会用敏锐的眼光去看，用创新的思维去想，能够发现具有潜力的市场领域，识别出具有商业价值的市场机会；二是要能够迅速捕捉到高质量的商业机会，及时开发出能够满足市场需求的产品和服务。

（3）组织管理能力。组织管理能力是创业能力中的重要构成部分，是一种在创业的过程中起领导和组织管理作用的能力。合适的创业机会、志同道合的创业伙伴、资金、技术等一应具备，下一步就需要创业者把自己所能控制的所有资源组织起来。具体来讲，就是对人、财、物的管理。组织管理能力包含了多种资源与能力要素，其中产品质量和效益是核心，市场营销是基础，财务是保障，规划和管理是实现经营管理的手段，一支运转良好、精神饱满的精英团队是关键。

（4）经营发展能力。如果说组织管理能力是成功创业的保障性能力，那么经营发展能力就是动力性的能力，直接关系到新创企业的未来发展。作为一个成功的创业者，必须把握企业发展的整体方向，制定切实可行的发展规划、做出正确果断的科学决策。同时，还要有具体实践的能力，做团队实践的领路人。具体来说，要具备这几种素质。一是需要全局的战略眼光和战略决断的能力。二是需要很强的应变能力，创业过程中的策略和措施必须根据内外部环境的变化及时做出调整。三是具备充沛的开拓能力，为企业的发展提供充足的动力。例如，开拓新市场的能力、营销管理的能力、获取更多发展支持资金的能力等。

（5）社会关系协调能力。创业是一个艰辛的过程，它需要创业者通过自己的努力不断获得创业资源的聚拢。在这个过程中，创业者需要去了解潜在客户的需求、需要去做市场调查分析、需要获得其他组织或者个人的帮助。这是一个人与人或者人与组织的互动过程，需要创业者具备较强的社会关系协调能力。具体来说，这种能力就是维持和建立新的各种社会关系的能力。例如，我们在企业发展的过程中，不可避免地与政府部门、中介机构、相关企业、客户群体等有很多交集，这都需要创业者运用好社会关系协调能力，维持好、发展好各种社会关系。

（6）心理控制能力。创业心理品质指创业过程中对人的心理和行为起调节作用的个性心理特征。良好的创业心理品质是创业成功的必备要素，因为创业的过程始终是机遇与挑战并存，希望与困难同在。创业者在创业过程中必定会遇到种种难题和障碍，只要有一个难题没有解决、一个障碍迈不过去，就有可能使创业者一蹶不振。因此，加强创业心理品质教育，培养学生的心理控制能力，是大学生走向创业成功的必然要求。首先，要有坚持不懈的精神，不轻言放弃；其次，要有坚定的信心，超强的忍耐力和遇事冷静的处事能力；最后，要重承诺、有担当，能够勇于承担风险。

3. 创业知识的教育

人类从诞生之日起，就开始对陌生的世界进行不懈的探索和认知，并不断地积累和总结实践经验，希冀着认识和掌握客观世界发展规律和事物的内在联系，这个过程为人类的发展储备了大量的知识。创业领域未知的知识远远多于已知的知识，无论是对于创业组织，还是创业个体都是如此。

创业需要有足够的知识储备和完善的知识结构作支撑。创业者应该掌握包括创业基础知识、专业知识、企业经营管理知识、政策知识、财会知识等在内的多元素知识综合体。这些知识在个体的创业过程中发挥着巨大的作用。Aum 等（2001）指出，在其他条件（如人格特质、动机等）相似的情况下，创业者掌握的知识越全面，创业就越能够取得成功。知识可以帮助创业者解决创业过程中遇到的各种问题。创业知识有助于创业者对创业机会的发现和识别（Ardichvili，Cardozo & Ray，2003）。创业者依靠自己所掌握的知识来发展新的产品或服务，同时应对强有力的竞争对手（Markman Balkin & Baron，2002）。在企业的发展阶段，创业者依靠特定的知识来解释市场动态，克服阻碍企业发展的障碍。

理论和实证研究表明，在创业的不同阶段，知识都是重要的组成部分，而且不同类型的知识所产生的作用和功能也是不同的。在这里，我们将创业过程分为创业动机、创建和成长三个阶段加以分析。

（1）动机阶段。创业动机阶段属于创业前期准备阶段，其主要任务是机会的识别和评估。创业者对机会的识别来源于其特有的警觉性，对于机会的评估来源于其理性的判断力，而这种警觉性和判断力又取决于创业者自身所掌握的创业知识。这个过程中创业者自身所拥有的顾客需求、市场变革、对竞争环境的认识等顾客与市场方面的知识显得极为关键。同时，创业者对自身的认识，包括资源整合能力、管理能力、抗风险能力等自我认知方面的知识在该阶段也非常重要，将决定其是否进行创业以及创业的形式。

（2）创建阶段。也有学者将其看作商业化阶段或成立阶段，此阶段的主要任务是获取、整合各种资源对机会进行商业化的市场开发，成功建立新组织，获得市场接受并努力存活下来。这个阶段，是对人、财、物等进行管理的初始阶段，也是重要阶段。要获得顾客的认可需要市场营销知识；要组建自己的团队需要人力管理知识；要对资源进行有效的管理需要资源管理知识等。在创建阶段，新组织建立后开始运营，面临着许多新生劣势，此时，关于市场营销知识、资源管理知识、人力管理知识、生产知识、财务管理知识等功能导向型的创业知识发挥着重要作用。

（3）成长阶段。该阶段的主要特征是组织具有一定的规模，运行程序更规范，并且人员数、收益等快速增长，其主要任务是巩固、提升，构建核心竞争能力。在这个阶段，新生组织发展趋于稳定，各项职能逐步健全完善，产品或服务得到市场的认可，发展重心逐渐由产品或服务本身转向如何维持竞争优势。因此，该阶段需要战略导向型知识，对组织发展的目标定位、发展规划等进行战略布局，以获取竞争优势。

通过对创业不同阶段所需要的有针对性的创业知识的梳理和分析，我们不难看出，创业所需的知识结构是一个由多种因素组成的综合体。高校要根据经济社会发展的需要和学生自身发展的需求，将创业知识教育渗透到各门课程中，使学生掌握创业所需的基本知识和内容，形成和完善创业所需的知识结构。更重要的是教会学生有效的学习方法，使他们树立主动学习、终身学习的观念和善于应用知识、拓宽思维视野的本领。

四、高校创业教育的途径与方法

（一）高校创业教育的途径

创业教育不能只停留在创业教育目标的确定上，而要通过逐步建立创业教育体系来加以落实推进。高校的创业教育实践，本质上是根据创业教育的基本理念，运用各种课程所提出的教学计划，通过教师与学生的双边活动来实现创业教育目标的过程。在追求目标的这一过程中，研究者关注最多的就是教育目标的多样性、创业教育课程的内容、创业教育的方法等等。作为一种教育理念与教育模式，创业教育已经成为高校人才培养不可或缺的组成部分，而且随着其创业理论研究的不断深化，创业教育从课堂延伸到课外，形成了一套比较科学、完善的创业教育教学研究体系。本节将从一个大的视角对高校创业教育的途径进行梳理。

1. 创业教育课程

（1）国外创业教育课程。

1）美国。开设专门的创业教育课程是美国高校创业教育的基本方式。自1947年哈佛大学商学院开设的"新企业管理"被认为是美国创业教育课程的开端以来，美国创业教育课程经历了60多年的发展。60多年来，开设创业教育课程的学校数量大幅增加，到1998年有1400所，从最初的大学商学院延伸到大学的多个学院。在层次上，从四年制大学延伸到各类高等学校及小学、中学、职业学校。创业教育学习科目数量也大幅增加，涉及创业教育的课程（科目）已近120门（游振声等，2010）。美国高等学校创业教育课程包括创业、小型企业管理、新企业创建、技术创新、风险资本、小型企业咨询、小型企业策略研讨、特许经销、新产品开发、创业营销、小型企业融资、创造性等。虽然美国各高校和机构之间提供的创业教育课程差异性很大，但这些具有开放性、跨学科性及创造性特征的创业教育课程均注重与通识教育和合作课程的融合，呈现出明显的从重教向重学转变的趋势。

2）英国。英国高校提供的创业课程体系完整，内容丰富。根据高校的特点、教育目标群体的需求定位以及教育目标学科背景知识，创业课程设置完备有序。例如，依据教育目标的学历层次，英国创业教育又可分为本科生创业教育和硕士生创业教育；按照教育学科不同，又开设了联合学位创业教育，将创业作为第二主修专业嵌入学位教育当中，使大部分专业都可以与创业组合成联合学位教育。2012年，一篇名为《创业与创业教育》的指导报告为英国高等教育的供应商提供了新的指导。在这一指导下，英国高校的创业教育课程可分为两类，即"关于创业"的课程和"为创业"的课程。"关于创业"的课程目标是帮助学生理解和吸收现有的关于创业的知识和资源，从而促进他们对创业这一主题的深入理解。"为创业"的课程专注于帮助学生树立进取的心态并发现如何实现积极进取的心态，为以后成为一个企业家提高洞察力和开创能力。麦克翁等将英国创业教育课程划分为四类：创业、创新、创新管理、技术转移管理。到目前为止，英国高校已经构建起包括创业意识、创业通识、创业职业三层次的机会导向型创业人才培养课程体系。

（2）我国创业教育课程。我国的创业教育起步较晚，对于创业教育课程的研究和实践也尚在摸索阶段。创业教育课程最早出现在教育部《关于做好2010年普通高等学校毕业生就业工作的通知》中，文件要求要将创业教育融入专业课教学中，在就业指导课程中要把创新创业教育作为重要的内容。随后进一步提出要求，要构建多层次、立体化的创新创业教育课程体系。在教育部政策文件的指导下，我国许多高校开设了创业教育课程，还有不少高校编写了具有当地特色的创业教育教材。

随着高校创业教育的发展，实践探索的不断尝试，当前在我国高等院校逐渐形成了各具特色的创业教育模式。例如，中国人民大学将素质教育与创新创业教育结合，以课堂教学作为主导开展教育活动，同时将第一、第二课堂相整合。在第一课堂设置创业管理、创业精神、风险投资等创业教育类课程，在第二课堂鼓励学生参与各种社会实践活动，提高学生的综合素质。清华大学实施的是一种综合教育模式。它一方面在专业知识的教授过程中融入创新教育和综合素质培育，另一方面学校为学生创业提供所需的技术咨询和资金。清华面向全校开设了很多创新创业课程。经管学院设有创新创业与战略方向博士学位，同时还开设有学生创新力提升证书项目，设立创新创业辅修专业等。

总体来说，我国的创业教育课程体系虽然距成熟和完善还有相当一段路程，但在高校这片实践的土地上确实获得了很大的发展。目前，既有将创业作为一种学位教育的课程，又有创业教育与专业教育相结合的课程，包括创业学位授予与证书项目具体分为学位、双学位、第二学位、辅修等；还有覆盖MBA、本科生和研究生的各类创业教育课程。

2. 创业教育活动

实现创业教育目标的途径和方法应力求生动有趣且形式多样，如建立创业俱乐部、举办创业计划大赛和创业教育系列讲座、进行创业实习和实地考察学习、建立创业社会关系网络、参加创业辅导、参加创业咨询等。

（1）创业计划大赛。以科技竞赛为龙头，组织各类科技创业活动。科技竞赛不仅是展示学生创业成果的平台，也是提高学生创业能力的有效途径。1983年，美国奥斯汀得州大学举办了首届商业计划大赛（类似于我国的"挑战杯"创业计划大赛）。接着，包括麻省理工学院、斯坦福大学等世界一流大学在内的许多大学，每年都举办这一类的竞赛，并很快波及世界其他国家的大学。1997年，"清华大学创业计划大赛"拉开了我国大学生创业教育的帷幕。近年来为推动大学生创业教育的发展，很多创业大赛应运而生。例如，挑战杯大学生创业大赛、中国科学院青年创业大赛、全国大学生创业大赛、北大创业投资研究会主办的全国大学生技术创业大赛等。其中，两年一度的"挑战杯"全国大学生课外学术科技作品竞赛，从最初的19所高校发起，发展到1000多所高校参与，从300多人的小擂台发展到200多万大学生的竞技场。除此之外，各大高校根据自己的特色，会举办各类科技活动。例如，开展科技报告会，开展学生课题立项，开展与创业有关的校内科技活动等。这些活动的开展，不仅大大激发了学生的创业热情，对于大学生的创业能力素质养成具有积极的内化作用，同时还容易获得一些风险基金的青睐，更有可能取得创业的成功。

（2）设立创业基金。美国政府设立了专门的国家创业教育基金，成功的企业家会向高校的创业教育中心捐助支持创业教育的开展，很多公益性基金也会通过提供经费的形式资助创新创业教育活动，例如美国的考夫曼创业流动基金中心、国家独立企业联合会等机构通过提供经费支持创业大赛、奖励优秀学生、开发创业课程与实践活动等方式对高校的创业教育提供资金和智力支持。英国政府领导资助下还成立了各种基金，例如英国王子基金、新创业奖学金、凤凰基金等。英国王子基金实施的青年创业计划，通过联合企业界和社会力量为青年创业者提供咨询、技术、资金和网络的支持。该计划平均每年资助5000名英国青年创业，创业成功率超过60%（石丹林等，2012）。我国的清华大学设立了学生"科技创新基金"，为学生创业提供所需的技术咨询和资金；北京航空航天大学设立300万元的创业基金，对评估后的学生创业计划提供天使种子资金。新加坡国立大学积极拓宽资金资助渠道，以丰富的资金支持创业型大学建设和人才培养，大学企业搭建了多样化的融资平台和计划，针对早期创业项目设立有种子基金、天使投资等。

（3）其他创业活动。美国作为高校创业教育的典范，其较为成熟的创业教育活动具有很好的学习借鉴意义。总体来看，美国高校的创业教育活动包括以下四种类型，即着力培养商务综合能力的商务策划活动、培养创造性思维的问题解决活动、了解企业运行的模拟创办企业活动、体验商品与市场对接的促销活动等。

商务策划是帮助学生发现并探索机会的工具，任何层面接受创业教育的学生都可以将准备商务计划看作探索各种创业点子的方法。

创造和创新需要我们发现别人没能发现的东西，思考别人没有思考过的内容。美国创业教育活动就为学生设计了很多像发明家一样思考问题和解决问题的机会。

模拟创办企业活动也是美国创业教育活动中不可或缺的一项内容。设计创办企业活动的目的是为学生学习创业技能和规划自己的企业提供一次真实的创办企业体验。

促销活动则为学生提供机会体验商品与市场的对接，认识不同产品和服务与不同促销手段之间的联系，加深对产品和服务性质的认识。

（4）创业实践的平台建设。大学生只有经受创业实践的锻炼，创业目标才会更加清晰，创业信念才会更加强烈，才会形成良好的创业精神。对此，创客空间、训练工厂、初级孵化器等配套设施的建立，创业见习基地、创业实习基地和创业园等创业实践平台的建设，越来越被创业教育所认可。

首先，基于校园活动的创业平台成为创业教育的重要途径之一。例如，我国深圳研究生院的创课空间、北京工艺美院的"设计进行时"等，各平台与学会组织在校内开展创业大赛、创业训练营等丰富多彩的创业实践活动。再如，新加坡国立大学创业中心建设了不少孵化器项目，还与

IBM、华为、微软等跨国企业合作成立多个创业创新中心。

其次，教育实践活动由校内向校外延伸，大学与外围开展良好互动，形成"拓展的发展外围"。英国于 1971 年建立了英国最早的企业孵化区——剑桥科学园，随后，以大学为基础的各家科学园在英国如雨后春笋般建立起来。被誉为"新加坡的硅谷"的"第 71 街区创业园"，有 250 家创业企业在超过 30 家孵化器的支持下开展创业，平均每个月有超过 20 场与创业相关辅导、路演活动。我国政府、高校与企业共建的创业实践基地、创业见习基地、大学生创业园、科技企业孵化器等，推动了大学与企业之间的联系与合作，同时，也为大学生创业教育提供了良好的外部环境，提供了大学生创业的实践平台。

（二）高校创业教育的方法

创业教育方法是在创业教育的过程中所使用的方法，对实现创业教育目标、完成创业教育内容具有重要的意义。创业教育的方法并不是单一的，任何一项教育活动都应基于特殊的教学目标选择恰当的教学方法，创业教育也不例外。

1. 问题教学法

基于问题的教学方法强调通过运用多元答案的方法解决"真实"世界的问题，激励学生"学会学习"，在相互协作的团队中寻求解决现实生活问题。作为一个总体模式，基于问题的教学方法于 20 世纪 70 年代初始用于医学教学领域。"基于问题教学法"主要有以下三个部分：①确定学习目标。教师设计一个支持学习者发展认知技能的学习环境，使学生在"真实"的环境中发展创办企业所需要的能力。②问题生成。问题必须包含与内容领域相关的概念和原则，必须是基于现实社会提出的"真问题"。③问题陈述。问题陈述中学生必须真正参与解决问题，成为问题的主人。学者普遍认为，创业所需要的技能如批判性思维、全面思考问题的能力、容忍不确定性的能力等都能在基于问题的教学中得到发展。

2. 案例分析法

在创业教育中进行创业案例分析，对提高学生学习兴趣，强化参与意识，提高启发程度都有好处，是创业教育不可缺少的一种教育教学模式。进行创业案例分析，不仅分析成功案例，也要分析失败案例，目的是让学生从经验中学习，将经验和教训上升到理性。进行创业案例分析要做到两方面的努力：①从事创业教育的教师，一定要投入较大的精力和时间，对案例素材进行收集、选择、整理并进行理性评析，以获得典型性好的教学案例。②案例研究还要尽可能争取企业的支持与配合，因为案例可能涉及企业自身的商业秘密和商业利益。进行创业案例分析，也可以邀请业界人士实际的创业者参与教学。例如，通过安排业界人士跟学生们座谈，给学生们搞讲座，通过他们的创业过程报告形成一种鲜活的案例分析。由于学生与业界人士"零距离"接触，更有利于提高学生的学习兴趣，增强对创业的分析能力。

3. 体验教学法

基于体验的教学法主张知识和技能教学要应用于真实的环境，教学的过程就是学生通过感觉器官或身体行为直接感知客观现象，并开动思维机器认识现象本质，即体验、认识、再体验、再认识的循环渐进过程。在创业教育的体验教学法中，教师以一定的理论为指导，有目的地创设创业教学情境，激发学生创业热情，并对学生进行引导，让学生亲自去感知、领悟创业的知识和过程，从而成为真正自由独立、情知合一、实践创新的"完整的人"。有研究者发现，在激发学生的创业决策和做创业者方面，体验教学法比阅读教学和看、听、活动的效果都要明显，活动的体验性越强，对学生创业选择的影响越大，学生对创业的兴趣也越浓厚。

4. 权变教学法

创业教育权变模式强调学习者动态累积地学习创业的新方法，并根据自己的认知发展应用这些新方法。创业教育的权变模式认为，创业活动是一个开放的系统，往往有很多变量是我们所不能预见、不能理解、不能掌控的。在创业教育权变模式中，模块设计的初衷不在于解决某个特定的问题，而在于识别潜在的问题是什么；教师不期待学生们面面俱到地参加一系列整套的创业活动，而是期待学生学习和掌握那些鼓励反思性思维和创造性思维的不相关联的评价模式；鼓励学生的发散性思维，鼓励学生基于同样的信息努力发现多个可供选择的替代方案。教师的作用只是就模块的控制问题向学习者提出建议，帮助他们将创业活动融入自己的认知图式，发展和应用新的工具，提高创业者的反思能力和分析能力。

5. 行动教学法

基于行动的教学法主要侧重学习的自主性、探究性，让学生在真实的语境中体验创办企业的过程。在尝试将创业教育理论与实践紧密结合的过程中，美国很多高等学校采用了基于行动的教学法。这种方法强调教师为学生提供相关的课程和项目，由学生选择自己工作的团队和项目，在学校孵化器基础设施内围绕某一项目组建一个有限公司。同时，学校还邀请有经验的商界人士担当董事会成员，围绕各公司面临的实际困难及需要展开教学，公司的运作资金则由大学或其他公共或私立单位提供。通常，基于行动的教学法有以下主要构成要素：①问题、项目或挑战；②多元化的团队，团队成员由 4~8 位有着多元背景和经历的人员组成；③反省思考的过程，聚焦提出正确的问题而不是寻找正确的答案；④采取行动的能力。

第二章
我国对高校创业教育的政策支持

一、我国政府支持高校师生创业政策的背景

　　随着大学创业活动在促进社会经济发展、创造就业岗位方面的作用日益显现，创业教育很快在世界范围内蔓延。各国的政府、企业、高校在不断探索的过程中，各自承担起开展高校创业教育的责任。在全球知识经济时代和中国社会主义市场经济影响的创业大环境的背景下，我国在 20 世纪 90 年代开始关注创业及创业教育。1998 年，清华大学发起首届"清华创业计划大赛"，首次将创业活动引入了国内大学校园。次年，由团中央等部门联合举办了首届"挑战杯"中国大学生创业计划竞赛，进一步扩展了大学生创业活动在高校的影响。一时间，创业成为高校的热门话题，也成功引起了国家的重视。教育部于 1999 年 1 月制定并由国务院批转发布了《面向 21 世纪教育振兴行动计划》，提出要"加强对教师和学生的创业教育，采取措施鼓励他们自主创办高新技术企业"。该文件的发布表明了国家对高校创业活动持鼓励和支持的态度。同年 5 月，《国务院办公厅转发教育部等部门关于进一步做好 1999 年普通高等学校毕业生就业工

作意见的通知》进一步提出："鼓励和支持毕业生到非国有制单位就业或自主创业。"随后，一些地方政府响应国家号召，也开始制定政策鼓励高校毕业生创业。2010 年教育部发布《关于大力推进高等学校创新创业教育和大学生自主创业工作的意见》，对创业教育有了更详细、更具体的指导，自此开始大量创业教育指导性政策出台，有效地推动了创业教育的发展。

1999～2009 年，我国创业教育政策从起步到初步规范且呈现出以下特点：①创业政策制定主体呈现出多元化趋势，不仅教育部而且国务院、财政部、发改委等部委都直接参与了政策制定。②创业政策已从创业教育延伸到了创业融资、商务支持、创业环境等创业相关领域，虽然实质性的内容还相对较少，但单元政策已经实现了对创业过程各个环节的全覆盖。

如果说美国政府在高校创业教育实施过程中扮演的是一个协调功能的角色，那么我国政府可以说是一个主导的功能定位。我国政府在高校创业教育过程中通过文件规定、战略引领提高高校对创业教育的重视程度，通过政策推力、资源优势与权威效应积极倡导高校开展创业教育。可以说，我国高校创业教育的发展与政府的强力推动密不可分。

我国高校创业政策作为国家创业政策的重要组成部分无疑是依托国家创业政策产生的。20 世纪末，我国大学生创业活动的产生及相关创业政策的出台是在国家创业政策完善大环境下，适应高校招生与就业制度的改革而逐步形成的。国家关于规范创业活动的相关制度、规定、意见和具体政策措施，以及中央教育体制改革中关于高校招生、就业、创业制度的改革内容，都为高校师生创业政策的初创及发展提供了资源。

二、我国政府支持高校师生创业政策的目标及策略

（一）我国政府支持高校师生创业政策的目标

1. 建立高校创业教育生态系统

"为什么我们的学校总是培养不出杰出人才——钱学森之问？"（吴迪等，2016）这不仅是每一位教育工作者必须要面对和思考的问题，更是我们国家未来发展要着重解决的问题。钱学森认为，问题的根源在于高校没有按照创新人才培养模式去培养学生。国家颁行政策支持和鼓励高校师生开展创新创业，无论对于高校教师还是学生本身都具有深远的意义和价值，是高校人才培养的根本任务、高校教师教书育人的根本职责、更是促进大学生全面发展的延伸和深化；不仅为高校教师提供了一个更广阔的发展空间、创造更大社会价值的机会，也为大学生提供了创业实践的平台、未来多样化人生发展的可能。更重要的是，可以构建高校创新创业教育良性发展的生态系统。

（1）激发教师群体的创业精神。高校教师创业精神的强弱和能力的高低，将在一定程度上影响一个学校开展创业教育的进程及创业教育的质量，尤其是其作为整个社会创业教育的助产士，没有创业精神将会很容易抹杀学生的创新意识和创业精神。鼓励高校教师创新创业，一方面，可以从高校内部建立创新创业教育教师梯队，通过创新创业历练的教师可以很好地将自身积累的宝贵经验和教训，转化成专业、系统的知识传授给学生。另一方面，高校教师本身就具有高学历高素质的特点，有较丰富的知识经验和人脉关系，他们相对更容易进行知识、技术转化，再加上他们当

中的一部分迫切需要将自己从事的科学研究成果进行转化。他们开展创业将为整个社会创造更大的价值和更多的就业岗位。

（2）促进学生的全面发展。2015 年 12 月 14 日教育部发出通知，各高校不仅要做好毕业生的创新创业指导工作，还要以学分制的方式对全体在校学生开展创新创业教育课程，培养他们的创新思维，激发他们创业的激情，拓宽他们就业的渠道，减轻他们就业的压力。大学生的创业就业工作直接关系到大学生个人的职业发展和人生机遇。随着我国鼓励大学生创业政策的不断完善和逐渐落实，大学生创业政策也在实际工作中取得了相应的成效。例如大学生的就业观念有了明显的变化，许多大学生不再把稳定的工作当作自己的首选，而是希望创建属于自己的事业。大学生受过高等教育，创新和创造意识比较强，他们创业的焦点也都会集中在新技术、新服务等领域，他们创业的成功不仅是人生价值的体现，更对我国国民经济的转型升级、经济的可持续发展，以及国家创新能力的提高都有很大的贡献。

（3）建立创新创业教师—学生同盟。建立创新创业教师—学生同盟，可以为高校教师创新创业提供人力资本，同时通过师徒制等模式，为学生搭建了一个实践的平台，让大学生在跟随教师创新创业的过程中积累相应的知识、技能，提升自身能力，为学生下一步开展创新创业做好铺垫。在这个过程中，让教师由创新创业教育的教育者、服务者、旁观者的角色转变成参与者、实践者、引领者、带动者，充分发挥他们的知识、技术的核心作用，给予大学生精神上的支持。在创业导师的带领下，大学生创业群体可以更加从容地面对创业过程中很多意想不到的问题和困难，把他们的活力、激情以及对未来的无限憧憬都转化为创业精神动力及实际行动。

2. 提升我国的国家创新能力

完善高校师生创业政策，能够促进高校教师和大学生投入到"大众创业、万众创新"的大潮中，从而提升我国的国家创新能力。当今世界的发展日新月异，各个国家之间的竞争已经成为以高科技为代表的新型综合国力的竞争。这归根结底是转变成了科技与教育的竞争，是人才和创新的竞争。在我国，国家创新能力的提升，对国家的富强崛起，中华民族的伟大复兴具有巨大的推动作用。高校师生本身有着很好的专业知识和科学素养，接触和思考的都是学科方面最新的研究成果。同时，作为一个思想活跃、创造力强的群体，他们对运用自己的知识和能力改造世界有着强烈的使命感。因此，这样一个群体参与到创新创业过程中本身就应该是国家创新能力提升的一个重要方面。

（1）整个人类历史就是一个不断创新、不断进步的过程，没有创新就没有人类的进步和未来。创新是一个民族进步的灵魂，是一个国家兴旺发达的不竭动力。进入 21 世纪以来，我国一直致力于建设创新型国家，并提出国家创新驱动发展战略，依靠科技创新提升国家的综合国力和核心竞争力。因此，提高民族创新意识，增强民族创新能力，关系到中华民族和整个社会主义事业的兴衰成败。

（2）科学技术是第一生产力，科技创新能力越来越成为综合国力竞争的决定性因素。目前，我国的科技、经济发展，总体上与世界先进水平相比还有较大的差距。没有创新，就会步人后尘，经济上永远受制于人，更不可能缩短差距。因此，我们更要树立全民族的创新意识，增强创新能力。

3. 营造创新创业的良好环境

创新创业的实现使科学技术发展速度加快，国家及地区的经济得到有效提升，这些都有赖于鼓励创新、宽容失败的创新创业环境。现阶段，我国的经济进入新常态，创新创业的主体多样性进一步深化，"大众创业、万众创新"的模式不断践行。高校师生借助良好的创新创业环境，充分发挥自身才干，在不断实现其自我职业规划的同时，进一步推动了技术产业化发展，大大增加了就业机会，促进了经济的发展。

（1）营造良好的创新创业氛围。形成良好的创新创业氛围，是实现创新创业环境优势的先决条件。秉承"勇敢创新，敢于实践，宽容失败"的创新创业文化理念，积极帮助各类群体树立企业家精神，有助于科技人员、高校师生等将创新创业作为其自身的根本职能。通过文化渗透、平台搭建、媒体呼吁等各种措施加快创新创业的文化建设。一方面，为创业者提供支持和帮助，培育他们敢于冒险的精神；另一方面，对创业失败者予以宽容，进一步提高创业人员的创新创业积极性。

（2）发挥政府的综合服务职能。政府是创新创业环境营造过程中的重要参与者。随着我国经济结构的调整，政府的角色定位也在发生着转变。通过提高政府服务意识，增强服务功能，夯实基本服务等措施进一步提高政府服务能力。打造服务型政府成为政府部门的目标追求和角色定位。为了更好地营造创新创业环境，国家和政府不管是在夯实硬环境，还是在构建软环境方面，都做出了很多的努力。在丰富的创新创业软硬环境支持基础之上，尽可能地通过简化服务机制、简政放权等多项举措，为创业者提供全方位的服务。

（3）构建激励创业的政策环境。我国在创新创业方面浪潮不断，取得了较好的成绩，已经初步形成了"双创"的良好氛围。围绕着"双创"，政府对创新创业的政策调整和完善也是在不断地推进。首先是完善创新创业支持政策，例如针对创新创业的科技成果转化优惠政策、税收优惠政策、投融资优惠政策、行业产业化发展优惠政策、土地优惠政策等。其次是优化创新创业实施制度和机制，确保一些尽心尽力进行创新创业的人员能够得到充分的支持和鼓励。再次，积极采取激励措施，针对高校教师、在校大学生以及国内外的优秀创新创业人才，为其提供创新创业便利条件，使其成为社会发展中的创业领头军。最后，创业必定随着风险，对于在创新创业过程中的失败者给予宽容和理解，并帮助他们扭转失败态势，向着成功继续前进。

（二）我国政府支持高校师生创业政策的策略

要实现一个既定目标，就要有达到目标所要采取的策略。政府在确定具体的创业政策支持高等学校师生创业的时候，通常有两个很重要的基本问题需要考虑，即需要优先解决的问题是什么，公共支付计划中有多少资金可以用于解决这些问题。为了实现创建创新型国家的目标，国家采取了以下几个策略：

1. 将"双创"纳入国家发展战略

2012 年党的十八大报告明确提出"实施创新驱动发展战略"。2013 年党的十八届三中全会要求"健全促进就业创业体制机制"。2014 年夏季达沃斯论坛上，李克强首次指出中国要借改革创新的"东风"，推动我国经济科学发展，在全国掀起"大众创业、万众创新"的新浪潮。2015 年的"两会"中，"大众创业、万众创新"被正式写入政府工作报告中，同年国务院颁布《关于大力推进大众创业万众创新若干政策措施的意见》。至此，我国基本形成了"大众创业、万众创新"的国家发展战略。李克强总理在 2017 年 3 月的"两会"上指出，为推动国民经济继续稳定快速前行，需将"大众创业、万众创新"打造为"双引擎"之一。

"双创"战略一方面强调大众参与，是增加和扩大就业，促进社会纵向流动和公平正义的重要手段；另一方面强调创新，是实现经济发展方式转型和产业结构升级的重要途径。"双创"战略根源于现代经济学与管理学理论，是我国积极适应经济新常态的主动战略选择，在培育和催生经济发展新动力的同时，也将全民推向"第四次创业"浪潮的高峰。

国务院及其组成部门先后围绕"双创"出台了很多文件，涉及创业的各个方面。"双创"表面上看只涉及发挥人民群众在创业创新方面的主观能动作用，但实际上其背后蕴含创新创业体制机制的供给则结构性改革与创新，要求通过建设运行流畅的国家创新系统实现对创新创业活动全方位的支持。我国立足于基本国情，正在摸索建设和不断完善对"双创"战略的国家支撑体系。一是完善支持"双创"的法律法规体系和行政管理机制。例如，保护创新创业主体的知识产权，提高对创新主体的创新激励。继续简政放权，降低行政壁垒，为初创企业提供宽松的发展空间等。二是健全财税政策体系，优化财税支持结构，发挥财税政策对"双创"的支撑作用。例如，资助符合产业政策、处于初创期的小企业，并为小企业获得后续市场融资创造条件等。三是深化科技管理体制改革，强化国家科研系统对"双创"的支撑作用。例如，促进政府科研事业单位向创业创新企业的技术转移，鼓励科技人员离岗创业，并在三年内保留人事关系等。四是构建并完善支持"双创"的市场服务支持体系。例如，推行新股发行注册制，减少政府对企业上市的审批。扩大技术交易市场规模，促进技术信息咨询服务等技术服务中介产业的发展等。

2. 将创新创业教育融入人才培养全过程

联合国教科文组织在 1999 年发表的《21 世纪的高等教育：展望和行动世界宣言》中提出："必须将创业技能和创业精神作为高等教育的基本目标，为了方便毕业生创业，高等教育应主要关心培养创业技能与主动精神。"2015 年 5 月，国务院颁发的《关于深化高等学校创新创业教育改革的实施意见》（国办发〔2015〕36 号）要求"到 2020 年建立健全课堂教学、自主学习、结合实践、指导帮扶、文化引领融为一体的高校创新创业教育体系，人才培养质量显著提升，学生的创新精神、创业意识和创新创业能力明显增强，投身创业实践的学生显著增加"。《意见》还从教学方法、考核方式、资源配置、学分学制等环节作了指导性要求，对于当前的大学生创新创业教育给予了政策支持。

随着世界经济的快速发展，全球各个高校在教育的过程中都对学生的创业精神进行着重培养，以此来带动教育的发展和经济的增长。对于我国的教育事业，我们必须站在新的知识经济时代的背景下去研讨教育事业，特别是高等教育事业对我国社会经济、文化发展的基础性、适应性以及先导性作用。我们必须以一种全新的教育价值观为导向，研究和推动高等教育改革与发展的全面创新。现阶段，为落实"大众创业、万众创新"的国家发展战略，必须将创新精神以及创新创业技能作为当前高校教育的基本教学点，从实际教学中对学生综合方面的能力进行全面的培养，以此来带动学生今后人生的就业发展。近年来，我国教育部相继颁布了各项法律，对建立创业教学，培养创新型创业人才投入了大量的资金，树立了明确的人才培养计划。许多高校都在政策的扶持下，建立了较为完善的创业教育体系，高校学生的创新创业精神以及创业技能得到了有效的提升，学生在创业实践中参与度明显增加。

作为创新创业人才培养重要基地的高校，如何在科技飞速发展的今天紧跟时代要求，深化高校创新创业教育改革，探索和实践行之有效的创新创业教育，是当下及今后很长一段时间要着力研究摸索的重要课题。

就创业者而言，随着市场经济的发展，受教育层次的提高及眼界的扩展，越来越多的人倾向于自己创造机会实现自我，创业是他们必不可少的选择。在众多创业群体中，作为掌握一定知识和技能的高校师生，蕴藏无穷智慧与激情活力，他们通过自主创业完成自我突破，当之无愧地成为中国社会创业的生力军。

3. 政校企联动搭建创新创业服务平台

政府、学校、企业三方联动，本着互惠互利、互动互建、共建共享、共赢共进的机制，充分利用各方资源，展开充分而深入的合作，有效地建设就业创业服务平台。这个平台既可以让创新创业教育更有针对性和实效性，又可以调动师生创新创业的积极性和主动性，促进高校师生创新创业。政校企合作是加强政府、企业、高校之间沟通交流和相互配合的重要平台，是进一步提升人才培养、科学研究水平的重要手段，对促进产业升级、企业产品更新和科研成果转化有着巨大推动作用。

（1）政府在政校企联动中肩负着重要的职责。从政府的职能、所拥有的行政权力和特殊地位来看，政府在政校企联动搭建创新创业服务平台中起主导和领航作用。无论在政策法律，还是财政、科研等方面都给予了大力支持。从中央到地方，政府协同教育、经济、科技、财政、人事等各个部门，成立专门的组织机构和有针对性的服务平台，有意识、有组织地引导更多企业与高校共同参与"产学研"合作和人才培养工作。例如，各地根据经济产业发展需要和高校专业优势，谋划布局、整合资源，积极培育、努力建设的创业园、众创空间、创业中心等孵化器，设立在企业的集产品开发、技术服务、科技成果转化和人才培养等多项功能为一体的工程技术研究中心、院士工作站、博士后科研工作站、科技成果转化基地等，不仅为政府、园区、高校和企业搭建了各方合作的纽带，而且通过有效地开展工作，促进了经济社会的发展。

（2）校企合作越来越密切。学校以育人和服务经济为己任，企业以获得利益的最大化为目标，两者虽然目标存在较大差距，但却在各自目标的指导下开展了多种多样的合作。校企合作注重的就是互利共赢，对企业而言，可以帮助他们招揽自己需要的人才、找到可以合作的技术伙伴；对高校而言，可以为创新创业教育搭建实践平台、帮助学生实现就业创业。像近年来出现的校企共建就业创业见习基地、校企共建科研平台、订单合作培养人才等都是高校和企业开展合作的有效模式。

（3）高校作为创业教育实施的主阵地，正在由"被动参与"向"主动推进"转变。一方面，在完善创业课程、引导创业实践、整合优势专业资源、加强师资队伍建设等方面联合互动，以更广阔的视野开展创业教育，促进创业教育水平整体提升。例如，像清华等很多高校都建立了特色的创业课程体系并积极搭建创业实践平台。另一方面，高校创业教育正在不断探索如何在"引进"与"输出"之间找到与社会合作的平衡点，把创业教育融入社会大环境之中，积极输出创业教育成果并有效对接社会需求。高校在主动引进各类优质资源，拓宽支持渠道，实现技术、资金、人才等要素的有效聚集，打造优质创业教育平台的同时，更要着眼于自身在整体社会创业系统中的特殊价值。

三、我国政府支持高校师生创业政策的内容及特征

（一）我国政府支持高校师生创业政策的内容

1. 我国政府支持大学生创业的政策

我国自 20 世纪 90 年代开始出台鼓励大学生创业的政策以来，各种鼓励和扶持政策层层叠加，2015 年 2 月人力资源社会保障部又下发《关于做好 2015 年全国高校毕业生就业创业工作的通知》（人社部函〔2015〕21 号），再次提出要把创业就业工作放在首位，将鼓励和扶持大学生创业的各种优惠政策和服务落实到位。

（1）创业教育政策。大学生创业教育与培训支持大致可以归纳为创业教育课程、高校教学制度、创业教育师资队伍、创业平台搭建与创业服务指导等几个方面。在创业教育课程方面，鼓励各个高校根据本校的实际开设专业课程开展相应的创业创新教育，开设有针对性的研究方法课程、就业创业指导课程、学术前沿课程等。2012 年，教育部发布《关于做好"本科教学工程"国家级大学生创新创业训练计划实施工作的通知》（教高函〔2012〕15 号），鼓励高校将大学生创新创业训练计划纳入人才培养方案和教学计划中，同时要开设与创新创业训练项目有关的选修课程。高校教学制度方面，各个高校可以根据自身的情况针对创业大学生的特点，探索和建立创业学分累积与转换制度，将创业大学生的创业成果按照一定的方式和比例计算学分。在创业教育师资队伍建设方面，要求高校要引导各专业教师、就业指导教师积极开展创新创业教育方面的理论和案例研究，鼓励教师到企业挂职锻炼，参与社会行业的创新创业实践。同时，鼓

励从社会各界选聘企业家、创业成功人士、专家学者等作为兼职教师，建立一支专兼结合的高素质创新创业教育教师队伍。在创业平台搭建方面，首先从国家层面对大学生创业实践基地建设做出了较为全面的规划，要求省市、高校、大学科技园建立各类别大学生创业实习或孵化基地，并按其规模和孵化效果给予资金等条件的支持。同时，鼓励高校推出各类人才培养计划，举办各种创新创业活动，助推大学生创新创业。

（2）财税金融政策。大学生创业财税金融优惠政策大致可以包括财政专项资金、税收减免、创业融资等方面。在财政专项资金方面，分为国家层面的专项资金和地方政府设立的支持创新创业的资金支持政策。2012年财政部、工业和信息化部联合制定发布了《中小企业发展专项资金管理办法》（财企〔2012〕196号），对中小企业发展专项资金的性质、资金来源以及使用办法做出明确规定。中小企业发展专项资金由中央财政预算安排，主要用于支持中小企业特别是小微企业的技术进步、结构调整、转变发展方式、扩大就业以及改善服务环境等，对符合一定条件的企业项目给予200万元以内的无偿资助或者贷款贴息。国家层面除了中小企业专项资金外，还有像中小企业服务体系专项补助资金等其他的财政专项资金。各地政府根据经济发展的实际，也纷纷设立了专项资金支持创新创业。如四川省在2009年决定实施"千名高校毕业生创业"计划，拨付5000万元设立高校毕业生创业专项资金，在全省范围内促进4500名高校毕业生实现创业。

在对大学生创业税收方面的优惠政策主要是减税。高校毕业生在毕业时未能就业的会收到有人力资源和社会保障部核发的《就业创业证》，持有此证的大学生在毕业当年内进行创业，进行个体工商户经营、创立独资企业的可以享受三年8000元/年为限度的税收优惠。这8000元的税收优惠主要是用于扣除营业税、城市维护建设税、教育费附加、个人所得税等，按照先后顺序依次扣减。在创业融资方面，一是小额担保贷款，大学生在创业过程中可以在创业地方申请10万元额度的创业担保贷款。此外，政府还鼓励各个金融机构针对大学生创业发放相应的担保贷款，与此同时国家和地方财政会对大学生创业担保贷款给予财政贴息，凡是在超出贷款基础利率但在 3% 以内的均可享受。二是创业基金，国家鼓励有条件的地区可通过财政和社会两条渠道筹集"高校毕业生创业资金"。建立大学生创业基金比较早的是上海市，2005 年上海市正式启动大学生科技创业基金，该基金属于政府资助型的"天使基金"，政府按照每年投入 5000 万元、三年共计 1.5 亿元的资金规模，资助上海高校应届毕业生及在读硕士、博士研究生等创办企业。

（3）对创业场地的扶持。对大学生创业场地的扶持政策，主要体现为"一地一园"（大学生创业孵化基地、大学生创业园）的建设以及相关优惠政策。2010 年教育部要求建立大学生创业实习基地或孵化基地，为大学生创业提供场地、实训、资金、服务等多方面的支持。近年来，全国各地建立起了数以千计的大学生实习实践基地和创业孵化基地，并配套各种优惠政策，为大学生创业企业的成长发挥了突出的作用。如 2009 年青岛市政府对高校毕业生创业孵化基地出台扶持政策，优惠政策涉及房租补贴、小额贷款、社会保险补贴等。大学生创业园是专门为大学生创新创业提供服务、促进成果转化的基地，通过提供办公场地、咨询与培训、管理与服务和一系列优惠政策，降低大学生创业企业的创业成本，提高大学生创业的成功率。2006 年，共青团中央、中国科协、教育部和全国学联联合授予中国大学生创业园（成都）等 11 家创业园为全国首批"中国大学生创业园"。除以上政府对大学生创业提供场地扶持优惠政策外，对非入驻创业园和孵化基地的大学生创业企业，有些地方也出台了一些优惠措施，例如在当地注册登记的各类小企业和非正规就业的劳动组织可以申请创业场地补贴等。

（4）其他方面的优惠政策。首先是创业的培训补贴政策，凡是大学生创办的小型、微型企业，新招聘的应届毕业生在一年内参加相关培训的，其创业培训的学习、就业证书获得情况按照规定给予培训补贴。其次是创业指导服务，各个地方和高校要为进行创业的大学生提供必要的帮扶和指导。创业中的大学生和有创业意愿的大学生不仅能获得信息、市场和政策等基础服务，还能享受诸如融资、风险评估、企业设立指导等专业性的服务。除此之外，大学生在创业的过程中可以使用学校开放的大学科技园、创业园等创业基础设施和必要的实验室、研究中心等专业设施设备。最后，在管理与行政性收费政策方面，主要是减免行政收费和放宽相应的管理条件。一是减免大学生创业的事业性收费。凡是在毕业两年内进行创业的大学生均可享受管理类、登记类和证照类的行政事业收费免收政策，免收优惠期限为自工商登记注册之日起三年。二是在大学生创业的户籍方面是放宽落户限制。即规定了大学生可以在创业地落户，并确定了落户的相应要求和手续流程。三是各级政府对已从事自由职业、短期职业、个体经营等方式灵活就业的高校毕业生提供必要的人事劳动保障代理服务；在户籍管理、劳动关系形式、社会保险缴纳和保险关系接续等方面提供保障。对创办企业涉及的各类行政管理与服务事项要简化立项、审批和办证手续，为创业开辟"绿色通道"。四是允许实施灵活、弹性学制。教育部发布文件规定各个高校为了鼓励和支持大学生创业活动，既可以尝试和实施较为灵活学制和学业年限，也可以对有创业意愿和创业想法的学生通过保留学籍、暂时休学来进行创业。

2. 我国政府支持高校教师创业的政策

（1）法律政策引导。2015 年国务院印发《关于进一步做好新形势下就业创业工作的意见》（国发〔2015〕23 号）（以下简称国 23 号文）中要求：探索高校、科研院所等事业单位专业技术人员在职创业、离岗创业有关政策，以保留体制内身份和待遇三年为优惠条件，鼓励他们离岗创业。2016 年，国务院出台了《实施〈中华人民共和国促进科技成果转化法〉若干规定》（国发〔2016〕16 号）（以下简称国 16 号文）提出：为推进经济提质增效升级，必须打破科技与经济"两张皮"现象，鼓励各类创新主体（如研究开发机构、高等院校、企业等）及科技人员转移转化科技成果，从而促进"大众创业、万众创新"。2017 年 3 月 22 日，人社部公布了《关于支持和鼓励事业单位专业技术人员创新创业的指导意见》，其中明确表示支持和鼓励以高校和科研机构为代表的专业技术人员可以在 3 年内保留人事关系和基本待遇的基础上离岗创新创业。政策的实施有着持续性和连贯性，本意于激发高校专业技术人员的创新创业热情和活力，但也同时将高校教师从创新创业教育知识的传播者转变成了创新创业的实践者。

（2）财税金融政策支持。随着创新战略的深入实施，国家支持创新创业的政策体系正在逐步完善，其中对高校科研人员创业的财政扶持力度也在不断加大。为切实解决高校科研人员创业面临的启动资金不足的现实问题，国家及地方政府相继制定出台了多项有效的政策，如教育部、科技部等部门联合制定了《高校相关人员创业引领计划》，国务院制定并实施了《做好新形势下高校科研人才创业工作的实施意见》，国务院及有关部委制定下发的《实施大学生创新创业引领计划》和《做好新形势下高校创新创业工作的指导意见》等一系列政策，都对扶持高校科研人员创业的财税、金融政策做了明文规定，包括对符合条件的高校科研人员创业实体提供担保贷款、银行贷款及政策贴息，为其成功创业提供有力支持，一定程度上解决了高校科研人员创业初期遇到的资金难题。同时，国家及地方各级政府还设立了多项发展基金，明确规定要做到"专项专用"，确保对高校科研人员创业的政策扶持落到实处。

（3）创办企业的支持发展政策。为积极适应经济全球化环境和加快大众创业进程，国务院制定出台了《关于深化高等教育创业改革的实施意见》，将高校创业教育纳入学校工作的总体规划，并做好高校科研人员创业教育培训、完善质量评价体系、健全创业课程教育体系等工作。同时，还采取有效措施开展自主创业活动，对创办企业的高校科研人员进行免费教育培训，并从创业项目筛选、创业项目孵化、创业政策宣传、创业项目市场运作、开发等各方面提供全程式跟踪指导服务，对缓解科研人员创业初期压力，提高创业成功率提供有力支持。

（4）创业人才引进、激励、保障政策。为积极推动"大众创业、万众创新"进程，国家和地方各级政府相继制定出台了一系列的政策制度，在政府的大力推动下，全社会鼓励创业、支持创业、参与创业的氛围逐步形成，在这些政策中也包含着鼓励科技人员创新创业的内容。国16号文将科技成果转化的情况作为对单位进行绩效考评的评价指标之一；加大对科技成果转化绩效突出的研究开发机构、高等院校及人员的支持力度；落实好现有促进科技成果转化的税收政策；研究制定符合所管理行业、领域特点的科技成果转化政策等，多方面营造科技人员创新创业氛围，并在一些具体的层面，也做出了较为详细的规定。在关于鼓励科技人员合理流动方面，国 23 号文指出：鼓励科技人员离岗创业，并在三年内保留人事关系。职称评聘、岗位等级晋升和社会保险等与原单位其他在岗人员享受同等权利。在关于促进科技成果转化方面，国 16 号文指出：国家鼓励研究开发机构、高等院校通过转让、许可或者作价投资等方式，向企业或者其他组织转移科技成果。在关于科技人员激励机制方面，国 16 号文指出：对科技人员的奖励不低于奖励总额的 50%。为充分激发科研人员创新创业积极性，2016 年，中共中央办公厅、国务院办公厅印发的《关于实行以增加知识价值为导向分配政策的若干意见》指出，鼓励科研人员通过科技成果转化获得合理收入；坚持长期产权激励与现金奖励并举；允许科研人员和教师依法依规适度兼职兼薪等。

（二）我国政府支持高校师生创业政策的特征

1. 更加注重公平

维护社会公平，是构建社会主义和谐社会不可或缺的重要内容。和谐应是社会主义社会的内在特征，社会公平是和谐的基础。社会主义的根本性和谐首先在于消灭阶级剥削和阶级压迫这种最大的不公平现象。在当前改革与发展的新阶段，积极推进大众创业、万众创新的新时期，要更加注重社会公平问题。创新创业所涉及的权利公平、教育公平、法制政策公平、竞争公平等，都是国家重视并着力解决的问题。从我国每一次创业浪潮的推进，到鼓励创新创业政策的不断完善，都体现了建设和谐社会所要树立的科学的社会公平观。社会主义的和谐和社会公平，应体现在整个社会的各个方面，创新创业也同样适用。首先是权利公平。权利公平是社会公平的核心，意味着社会成员平等地享有各项公民权利，每个人的政治、经济、文化、社会以及生态权益能得到切实尊重和保障。国家信息中心专家委员会主任宁家骏认为，"推进大众创业、万众创新，可以使有梦想、有意愿、有能力的科技人员、高校毕业生、农民工等各类市场创业主体'如鱼得水'，实现创新支持创业、创业带动就业的良性互动发展。"在这场创业大潮中，不管学历、不论出身，只要有一颗创业之心都可以找到施展才华的舞台，是真正的"大众创业""草根创业"。其次是教育公平。一是对于有意愿创业和正在创业的主体，各地政府部门、人才服务机构都会提供最及时、最贴心、最专业的创业培训机会和创业指导服务。二是创业教育的目标是为了培养具有创业精神和创业素质的人才。创业教育不是精英教育，不是为少数人开设的教育课程，它是针对所有学生的普适性的教育。然后是法制政策公平。国务院《关于大力推进大众创业万众创新若干政策措施的意见》，这个意见可以说是"双创"的顶层设计文件，它从"简"字入手激活市场，从"钱"字入手保障资金，从"机制"入手打造制度环境，对创新创业进行了全方位政策布局。在政策制度面前人人平等。最后是竞争公平。在促进"双创"过程中，政府勇于自我革命，有所为有所不为，在发挥市场在资源配置中作用的同时，更多的是做好各种公共服务、提供更多公共产品，给市场和社会留足了空间，为公平竞争搭好舞台。

2. 更加追求卓越

高等教育改革是世界范围内教育改革的永恒话题。自20世纪以来，特别是第二次世界大战之后，世界各国的高等教育改革都普遍呈现出两个明显的趋势：一是促进平等，二是追求卓越。追求卓越，是指在促进平等的前提下进一步巩固和提高高等教育质量，为学生获得优异的学习能力和良好的综合素养奠定坚实的基础，使他们能够与现代社会政治、经济、文化、科技等领域的快速发展步伐相适应。对于教育的卓越追求，我国也不例外。国家通过教育政策法规的不断建立、修改和完善，来促进教育的改革创新。教育的改革创新，核心目标之一就是提高质量，实现又好又快的发展。过去30年，我们教育发展的一个重要标志是成功地实现了从人口资源大国向人力资源大国的转变,我们建成了世界上最大规模的教育来支撑改革开放现代化建设。现在我们开始迈向了第二个重大的历史阶段,就是开始由人力资源大国向人力资源强国的转变,由大向强转变,这就意味着我们的发展方式的选择将转到以提高质量为核心的新的可持续发展阶段。

"教育与人才"是形成 21 世纪综合国力的核心竞争力。未来经济竞争、社会发展、科技进步和人力资源开发都离不开教育的长期发展战略。《国家中长期教育改革和发展规划纲要(2010~2020 年)》"是党中央、国务院着眼于全面建设小康社会和现代化建设全局做出的战略性决策,是对我国未来十年教育事业发展进行全面谋划和前瞻性部署"。《教育规划纲要》确定了"优先发展、育人为本、改革创新、促进公平、提高质量"的教育工作方针。在《教育规划纲要》的顶层设计和系统规划中,以崭新的发展战略的视角,坚持把教育摆在优先发展的位置,"坚持以育人为根本,以改革创新为动力,以促进公平为重点,以提高质量为核心,全面实施素质教育,推动教育事业在新的历史起点上科学发展,加快从教育大国向教育强国、从人力资源大国向人力资源强国迈进。"

为了提高教育质量,2004 年 8 月,教育部高教司发布了〔2004〕90 号文件——关于印发《普通高等学校本科教学工作水平评估方案(试行)》(征求意见稿)的通知,随后我国为期五年的第一轮本科教学质量评估工作开始。与此同时,还实行了倡导持续改进、不断创新、追求卓越评估理念的教育组织卓越绩效准则。大学质量评估是学校建设和发展的重要依据,应该也必将成为学校追求卓越的引领者。

2010 年教育部发布《关于大力推进高等学校创新创业教育和大学生自主创业工作的意见》,对创业教育有了更加具体的规定。此后,关于创新创业教育的系列政策更是推动了我国高等教育的深入改革和实施。创业教育的目标不是培养人的应试技巧,不是为了提高考试成绩,而是培养卓越的创新精神和创业能力,以及高度的个人使命感和社会责任感。创业教育的核心是在创新精神和创业能力的培养上,是教育本身追求卓越的要求,也为高等学校师生创业营造了良好的环境氛围。

3. 更加注重实用

我国对教育事业的支持可以追溯到封建社会末期。历史上著名的洋务运动在农业、语言、机械、采矿与军事等方面相继建立各类学堂，培养各类人才，这些学堂为我国近代化事业发展培养了一大批急需人才。1862年，京师同文馆的建立是我国职业教育萌芽的标志。清朝在 1904 年颁布的《奏定学堂章程》，即《癸卯学制》，是我国历史上首个在教育法令下于全国范围内实行的学制，建立了职业教育实施体制的雏形。第一次世界大战期间，我国近代工业经历了一个长足发展的"黄金时代"，民族资本在政治经济方面取得了长足发展，因而急需培养出各类管理和专业技术方面的人才，职业教育在这一时期成为社会各界普遍关注的焦点。1917 年，中华职业教育社的成立拉开了我国 100 年来影响深远的职业教育运动的序幕。

中华人民共和国成立以后，党和政府高度重视教育工作，特别是 1978年改革开放以来，我国教育立法工作逐步走上正轨。1982 年第五届全国人大第五次会议通过了修订后的《中华人民共和国宪法》。其中，第 23 条规定，"国家培养为社会主义服务的各级专门人才，扩大知识分子队伍，创造条件充分发挥他们在社会主义现代化建设中的作用"。1995 通过了《中华人民共和国教育法》，它是我国教育的基本法。1996 年，《中华人民共和国职业教育法》颁布实施。《职业教育法》的颁布符合我国当时的国情，旨在依靠更多的社会力量兴办职业教育，强调行业组织、企业、事业单位和其他组织应当履行实施职业教育的义务，极大地促进了职业教育的发展，有利于提高我国劳动力队伍的整体素质。1999 年《中华人民共和国高等教育法》颁布实施，此法规定："国家根据经济建设和社会发展的需要，制定高等教育发展规划，举办高等学校，并采取多种形式积极发展高等教育事业。""高等教育的任务是培养具有创新精神和实践能力的高级专门人才，发展科学技术文化，促进社会主义现代化建设。"1999 年 6 月，中共中央、国务院发布的《关于深化教育改革全面推进素质教育的决定》并为贯彻这一决定召开了的全国教育工作会议，从提高民族素质和落实科教兴国战略的高度，决定"通过多种形式积极发展高等教育"，而且要"在发展民办教育方面迈出更大的步伐"。

近年来，《中国制造2025》、"互联网＋"，"大众创业、万众创新"，"一带一路"等重大国家战略和倡议对职业教育、高等教育培养技术技能型人才、创新型创业人才提出了新要求，在将我国从制造业大国转变为制造业强国、全面推进实用创新创业人才的培养方面，对国家教育政策的制定和调整提出了新的要求。无论是从我国教育政策法规的演进过程，还是20世纪末以来，各类推进教育深化改革的众多政策文件，都表明我国政府历来重视教育，教育服务于经济社会发展，教育服务于"实用"的历史一贯性，尤其是近年来，政府对高校创业教育的积极倡导和强力推进都指向高等教育对"创新""创业"发展的重视，对"技术"的需求，这从一个侧面为我国高等学校创业教育及教师的创业活动创造了条件。

四、我国政府支持高校师生创业政策的发展趋势

当前，我国创业教育迎来了前所未有的发展热潮。创新创业时代呼唤适应经济社会发展、遵循教育规律的创业教育。创新推动创业教育，教育要围绕教育质量和教育公平这两大核心问题进行全方位的改革以适应经济社会的发展。近些年，我国政府大力支持创新创业，强力推进创业教育，不难看出政府对高校教育赋予的历史使命，对高校师生创业寄予的殷切希望。随着创新创业活动的广泛开展，高校教育改革的不断深化，应运而生的支持高校师生创业的政策呈现以下趋势。

（一）注重建立创业生态体系

创业推动创业教育，创业教育促进创业型大学的产生。就创业而言，它是一个复杂的社会现象，涉及很多要素的交互作用。当创业者拥有所需的人力资源、资金和专家资源，所处环境得到政府政策的鼓励与保护时，创业最容易成功（Isenberg，2011）。所以说，创业是一个生态系统，其中，教育或人力资本开发是创业生态系统必不可少的生态因子。就创业教育而言，它作为创业生态系统的重要分支，有着自己独特的内部生态系统，即基于大学的创业生态系统的核心，包括创业课程、创业活动、创业研究三个相互交叉和支持的领域，并依赖文化、资源、利益相关者、设施、学校和地方社区等外部因子的支持（Brush，2014）。所以说，基于大学的创业教育生态系统是以大学为中心，并通过有效处理与大学相联系的政府、企业、市场、资金等多方面的生态因子，来促进教师、学生创业的。

在这个创业教育生态体系中，众多创业利益相关者充分发挥作用的环境下，创业才能够蓬勃发展。我们可以把这个生态系统分为三个层面。第一个层面是指学校创业教育要素，这些支持要素决定着创业教育的基本质量，如课程体系、师资队伍、实践平台、硬件设施等内部结构要素。第二个层面是指学校内部与外部环境的交会处，包括学校创业中心、创新创业实验基地、孵化器等组织机构。第三个层面是指创业教育的外部环境，主要包括政府、企业、基金会等组织。各个层面结构要素在功能上形成一个互补的系统，共同支撑创业教育的发展。

创业教育生态体系是一个异常复杂的系统，牵涉社会系统中多种利益群体。不同利益群体对创业教育生态发展会产生不同的驱动力。政府既是推动我国创业教育发展的主动力，也是未来创业教育生态体系构建的核心力量，必然会从顶层整体设计国家创业教育发展战略，为创新创业活动的深入有效开展提供更加良好的政策环境。

（二）注重培育高校创业文化

21 世纪是"创业时代"，创业型经济越来越受到党和政府以及社会各界的重视，党中央把创业问题提升到了国家战略发展的高度，正在通过国家层面来推动创业型经济的发展，努力营造全民创业的浓厚氛围，孕育良好的创业文化。创业文化是指与社会创业有关的意识形态、文化氛围，其中包括人们在追求财富、创造价值、促进生产力发展的过程中所形成的思想观念、价值体系和心理意识，主导着人们的思维方式和行为方式。创业文化是随着创业经济的兴起与发展而逐步形成的，并不单单指的是经济或文化，它是经济及其文化两者的"相濡以沫"，在经济创业中发掘价值观文化，以价值观文化牵引创业、经济的腾飞。

有理想才能有激情，有了激情就有了不竭的动力，特定的创业文化使创业群体将他们各自的价值、理念、信仰变成了共同拥有的创业精神，最终形成了具有强大凝聚力的团体，迸发出巨大的能量。硅谷依赖区域内特有的鼓励冒险、乐于合作、宽容失败的创业文化，在全球拥有区域发展的竞争优势。华西村企业奉行"精益求精、开拓创新、追求信誉、服务第一"的"华西精神"，早在 1995 年就名列中国乡镇企业最大经营规模的第三名和最高利税总额的第一名。理论和实践证明，创业的基础和源泉在于文化，文化背景对创业会产生深远影响，把创业文化置于战略高度来思考，为我国制定长远的发展战略奠定了思想理论基础。

创业文化既体现为一种观念，也体现在国家的制度和物质环境中，它对整个社会的创业教育具有渗透的效果。高校具有的特殊地位和功能，决定了其在创业型经济发展中要承担应有的责任和义务。把高校创业教育寓于创业文化培育之中，对大学生的思想行为可以产生持久而深入的影响，并能有效地诱发受教育者的某些创业意识和心理品质，激发更多的大学生投身于创业实践中，形成完善、浓郁的创业文化氛围。同时，高校开展的创业教育并不仅局限在校园内，通过与政府以及企业的合作和协调，有助于推动校园之外创业活动的开展和创业氛围的形成，从而在繁荣社会创业文化的道路上体现高校的探索和引导作用。

（三）注重个体的全面发展

"知识社会"的曙光显现之后，社会进步和人类发展状况已经发生了巨大变动。在这个承上启下的历史性时刻，必定凸显"人的发展"这一时代的深切命题。知识社会里，人力资本已经取代物质资本成为最重要的生产资料。随着高等教育大众化的人力资本积累过程，大量知识劳动者开始出现。他们携带着非他莫属的人力资本，渐趋形成新型的劳动者生产资料的个人所有制。经济发展是由创业活动组织起来的，在今天这样一个创业的时代，创业劳动内在要求劳动的自由和全面，因而必然促进人的自由全面发展。

创业劳动的个体条件是创业精神和创业才能，它们在所有社会成员身上都普遍蕴存，因而每一个个人都是潜在的创业者。创业劳动通过更合理地配置资源、创造性地利用知识、组织分散的知识劳动者个体形成自由人联合体，令多数知识劳动者"英雄有用武之地"。创业作为一种新型的对象性活动，它承载和决定了人的劳动过程、交往范围和发展程度。创业发展所从事的劳动实践空前地要求并实现着人更高的自由性、自主性、创造性、全面性，从而更大地促进了人的发展。真正体现了以人的发展为本，促进现实的人的发展。不仅如此，我们在关注个体发展的同时，也应该看到每个个体的独特存在意义。现实的人的自由发展，由于先天禀赋和后天成长的差异，决定了不同个体的发展道路和观念也是不同的。有利于社会主义实践的各种人的发展观念都应当得到允许和鼓励。因此，只要人有选择不同发展道路的可能性，人的发展必然会呈现出历史条件所允许范围内的多样化和丰富性。

创业是人在给定的现实条件下，最充分地发挥主体性与能动性，自觉地把内在尺度和外在尺度结合在一起的发展方式之一。政府作为创业型经济的推动者、创业活动的引导者、创业环境的营造者必然会重点关注创业个体的自由、全面发展。

第三章
中美两国高校创业教育案例对比

普通高等学校开展大学生创业教育，是支持国家加速转变经济增长方式、建设全新型国家以及人才资源强国的重要战略举措，也是国家深化大学教育改革、提高人才教育质量、促进高校大学生整体发展的一种重要途径。美国的高校在鼓励大学生创业方面有着比较特殊的做法和经验，大学生创新创业取得了卓越的成果。

我国高校创业教育存在五种模式：一是通过在当前大学生的理论课程教育中加入关于创业教育的相关知识，以此来提高大学生的整体创业知识和能力；二是重点培养大学生的创业意识；三是通过开展大学生创业实践教育活动来提高大学生的创业能力；四是将创业教育中的教学重点放在撰写创业计划书以及案例教学方面；五是通过将大学生创新教育作为创业教育的基础，重点培育大学生的创新能力。高校创业教育对我国大学生的创业活动影响深远且具有重大意义，我国高校将大学生创新创业教育融入了人才培养体系，同时开设了大学生创新创业教育的基本课程，强有力地推进了我国高校大学生创新创业教育的一体化进程。

一、美国伊利诺伊大学创业教育案例

　　伊利诺伊大学创建于1867年，是美国伊利诺伊州的一个大学，在全世界享有盛誉，也是美国最具影响力的公立大学之一。伊利诺伊大学有三所分校，分别位于厄巴纳—香槟地区、芝加哥以及斯普林菲尔德。

　　伊利诺伊大学厄巴纳—香槟分校是美国综合研究型大学之一，也是美国十大联盟的创始成员和美国大学的协会成员，被誉为"公立中的常春藤"，在此学习和工作过的许多校友曾获得过诺贝尔奖，在2017年泰晤士世界大学中排名第36位，在2016年上海交大世界大学学术中排名第30位。伊利诺伊大学芝加哥分校是芝加哥最大的研究型大学之一，也是美国一级的国家级大学，在城市事务、医学以及健康科学领域都处于国家领先水平，拥有美国最大的医学院。伊利诺伊大学斯普林菲尔德分校是一所文理型大学，在美国中西部的公立大学中排名靠前。

　　伊利诺伊大学和中国有着不同寻常的特殊关系。1906年，校长爱德蒙·詹姆斯曾致信当时的美国总统西奥多·罗斯福，建议将庚子赔款中的一部分用于发展中国的大学教育事业，后来逐渐发展为庚子赔款奖学金，许多中国学生因此获得留美学习并继续深造的机会。在1911~1920年，伊利诺伊大学曾收留并培养了超过1/3的中国留学生，是对中国留学生最友好的美国大学之一。伊利诺伊大学还是多元化、国际化的大学之一。2014年，伊利诺伊大学厄巴纳—香槟分校的国际留学生人数在美国大学中排第三位，在美国公立大学中排第一位。

　　经过近150多年的发展，伊利诺伊大学已经成为美国教育界最好的大学之一，居于美国最有名的顶尖公立大学前列。伊利诺伊大学的三个校区可提供上百个本科、研究生专业学位教育；课程教育共约500多门课程，其中许多专业、学科居于世界领先水平；伊利诺伊大学共有教职员工 2 万多人，其中教师约 5800 人，这些教师大多是在美国及国际上受人尊重的顶级教授，包括一些诺贝尔奖获得者、普利策奖获得者、麦克阿瑟研究员及美国国家工程院、美国国家科学院、美国人文与科学院的院士；大学在校学生 7 万多人，每年授予的学位有 2 万多个，还有数千名校外学生参加大学的在线教育并获得学位；大学有学生组织 1600 多个，研究经费数额巨大，有数百个研究中心、实验室及研究所；伊利诺伊大学 3 个校区总面积 2433 英亩，加上自有保留地共计 10520 英亩，有超过 800 幢建筑共计价值约 95 亿美元。伊利诺伊大学厄巴纳—香槟分校的图书馆拥有 2400 多万册图书资料，是美国公立大学中图书馆藏书第一，居美国全部大学第二，仅次于哈佛大学的图书馆；该分校还是美国国家超级计算机应用中心、拥有威拉德机场以及博物馆、文化艺术中心、美术馆、大型体育场馆，并有一个占地上千英亩的阿勒顿公园。

伊利诺伊大学的校园服务精神不仅体现在为公众以及社会服务上，而且还体现在为学生服务等方面。学校通过教师对学生的服务以及其他一系列教育活动也教育着学生为公众服务的精神。伊利诺伊大学不仅为学生提供了大学宿舍、学生俱乐部，还帮助学生办理医疗保险，为学生提供互联网服务等其他服务。经济大萧条时期，学生毕业难以找到工作，学校于 1932 年设立了职业介绍局，这一服务一直持续到今天，伊利诺伊大学的教师也以自己的热情全心全意地帮助学生。

（一）伊利诺伊大学实施创业教育的背景

1. 外部环境

大学创业教育的兴起与经济的快速发展、就业机会的不断减少、政府资助扶持政策乏力、个人捐赠的递减有着很大的关系。自工业革命发展以来，大部分经济学家普遍认为大型企业才是现代经济发展的中流砥柱，所以在 20 世纪以前，大多数经济学家没有重视对小型企业的发展。但是，20 世纪 70 年代的两次世界性石油危机让人们开始认识到中小型企业，尤其是小型企业在经济活动中有着举足轻重的地位和作用。于是，人们开始重视小型企业并开始由对小型企业健康发展的重视转向对创业教育的重视，创业教育也因此进入许多教育工作者的视野中。

2002 年，伊利诺伊大学商学院对美国的 3100 所非营利性大学和学院所做的一项调查显示，1060 所高等学校开设了创业教育课程或小型企业管理课程，有 57 个本科创业教育计划、22 个创业专修计划和 208 个创业教育捐赠的席位。但是，美国向非商学院研究生提供的创业教育计划大学和学院还不到 1%，总共才只有 16 所，美国有 9 所商学院提供了创业教育博士学位，有 3 所工程学院提供了技术创业教育博士学位，有 24 所院校计划提供创业教育专业辅修。2003 年初，伊利诺伊大学商学院打算向人们提供创业专业博士学位，通过电话调查得知，总共才有 40 个学生进行了注册，另外有 27 位学生打算选修创业专业课程。

可见，创业教育的发展进程在研究生的教育层面还需要继续推进，在创业教育辅修、专修方面的发展也不平衡。此外，调查还发现创业教育的学术地位并不可靠，其中存在的问题比较多，如没有提供教授创业课程的老师终身教职，没有博士学位培养计划和未来训练创业教授的开创，支持教师将创业作为学术事业去研究的学校较少等问题。这些问题对创业教育的进程产生了强大的阻碍作用。另外，2003 年玛瑞恩·考夫曼基金会向美国的大学提供了资金，用于资助学校开展大学生创业教育，许多学院和大学为了获得资金的资助而纷纷介入创业教育竞争。因此，创业教育在美国许多高等学校迎来了一个发展高潮。很多大学都面临创业教育这个新方向的选择。

创业教育尽管在持续增长，但康奈尔、艾奥瓦州立大学等著名大学却并不热衷于此，主要还是局限在工程学院的学生以及商学院的学生。一些商学院刚开始也为非商学院的本科生开设了创业教育辅修课程，个别院系也安排了个别教师为学生教授一些与创业相关的知识。21 世纪初，这些非商学院的学生虽然不能获得商务学位，大多数接触过创业教育计划的学生都在主攻学习商务课程。考夫曼基金会向申请提供资金资助学校的要求是，要在全校创建一个创业教育的新模式。2002年伊利诺伊大学面向全国高校进行了调查，据此伊利诺伊大学提出了关于教师、研究生及本科生的创业教育计划方案，并依据其创业教育的目标、创业教育的内容及创业教育的措施等方面，判断其方案的领先性、开拓性和可行性，这些成为考夫曼基金会创业教育资金资助的依据和标准。

2. 内部环境

伊利诺伊大学是一所占地面积很大、学生很多的公立赠地学校，学校有着140多年的发展历程。伊利诺伊大学主要关注的是科学研究，每年有超过约5亿美元的科研资金。该大学存在的重中之重是为伊利诺伊州人民服务，并对伊利诺伊州会员大会负责。大学的最高权力机构是大学董事会，校长则是大学系统中的主要行政人员，香槟、芝加哥、春田3个校区分别由所在学校的分校校长负责，分校校长、副校长负责本校区和其他行政管理人员，各个学院院长、副院长等向分校校长和分校的副校长负责。

在这样的体制环境下，伊利诺伊大学的资源模式、校园文化、决策过程等都不允许任何一个学术单位单独具有在学校推行全新的教学计划的权威。松散的联结会导致模块性、多样性、决策自主性以及行为的灵活性，这样的内部分割意味着仅依靠一个策略计划不大可能有效地统领大多数人，新的创业教育计划也不太可能在全校得到权威性的地位。但是，松散的体系具有很强的可调节性和可适应性，特别是当学校各学院、各机构有着共同的价值观，具有强有力的领导力和执行力时。另外，伊利诺伊大学工程学院"技术创业者中心"已面向本院学生提供了一些技术创新和一些市场普及的教育课程，商学院也已经开始向学习商务专业课程的本科生提供了有关创立和管理企业的计划课程。

但是，这种在市场上普及的创业课程、创立和管理企业的课程，很大程度上都局限于工程学院零散的本科生商务课程和几门商务管理硕士课程。此时，美国已经有上千所高等学校开设了创业教育和小型企业管理课程，并且创业教育已经开始朝着系统化、普及化的方向发展，这逐渐成为一种新的趋势。受到外部大环境的影响，伊利诺伊大学也希望看到涉及市场普及、技术创新、创办企业、管理企业等课程计划由工程学院、商学院走向全校。这些计划不仅面向本科生提供，而且向全校的硕士、博士等层次延伸，不仅向学生提供课程学习而且向学生设置了专业、专修、辅修、证书计划、学位计划，这不仅可以对本科生和研究生提供创业教育，提高了创业技能，而且还可以加强对创业领域的深入研究。

在这种情况下，伊利诺伊大学采取的第一步就是分析并识别目标，识别分析"消费者"的不同需求、特征以及不同期待，努力说服、培育各个学院、机构中的创业优秀者，并深入了解各个机构、各位教师、学生等对创业的兴趣以及担忧的问题；第二步是对伊利诺伊大学的创业环境和创业教育环境进行确切的判断，这种判断将作为创业教育策略计划实施的基础，这种判断包括采访行政管理者、利益相关者，对教师的需求进行有效的调查评估，研究教师的职业发展规划，对学生进行创业兴趣调查工作，对教师、学生的创业活动进行科学评估等，然后根据判断的最终结果设计创业教育方案。同时，依据考夫曼基金会资助的机会，伊利诺伊大学全校师生的创业行动计划诞生，同时诞生的还有进行创业以及创业教育研究的"创业领导研究所"，该机构主要面向全校实施创业教育。

（二）伊利诺伊大学创业教育实践体系

1. 创业教育课程设置

课程的含义很多，远非达到统一的标准。由于创业教育课程与企业管理类的课程并没有一个清晰的界限，所以很难确定伊利诺伊大学开始进行开设创业教育课程的具体时间。2003 年 12 月，伊利诺伊大学以商学院下属的"创业领导研究所"发起，在经过充分的准备之后向考夫曼基金会申请了 500 万美元的创业和创业教育资金资助计划。1999 年成立的工程学院"技术创业者中心"向本院的学生提供了关于"技术创新"、"市场普及"等课程；商学院向学习商务的在校学生提供了"创办企业"、"管理企业"等课程；农业学院向本院的学生提供了"零售市场分析"等课程。从这些课程的参与人数、课程覆盖的学生范围及层次、创业课程在学校的影响力度等方面来看，该校申请并获得考夫曼基金会资助，这成为伊利诺伊大学全面推进和提升创业教育的开始。

"创业领导研究所"成立之后就专注于创业教育新课程的开设和建立。2004～2005年，研究所设立的"教师研究者计划"支持了来自不同学院的6位职业教师，这些教师不断加强已有的课程并创建了创业教育的新课程，以一种创新的方式将创业引入了教育课程之中。在院长组成的董事会指导下，"创业领导研究所"开始致力于为学校非商务专业的学生创立创业教育课程。其中的核心课程主要关注创业方面的知识，如"创业的基础"、"创业与小型企业构建"、"小型企业咨询"、"创业公司的法律策略"等知识体系，补充的课程只是创业的一小部分，或者是聚焦支持创业的基础，如"合伙经营收入税收"、"项目管理"、"个人和小型企业的资金决策"、"农场管理"、"产品创新"、"企业地点决策"等。

伊利诺伊大学工程学院的"技术创业者中心"在向本学院的学生提供创业课程的同时，一直致力于创业教育课程的改进与扩展。2002年，商学院成立了面向小型企业的"创业发展中心"，特别是大学创业孵化器提供一定的扩展服务。"创业领导研究所"的成立，吸引了部分"技术创业者中心"的教师加入"创业领导研究所"，同时保留了技术创业者中心的教师身份。这种跨单位任职任教的老师为创业学科的交流和融合提供了良好条件，推动了创业课程的不断改进与扩展。2004年，伊利诺伊大学工程学院开始授予"创业与系统工程"专业的研究生学位，商学院建立了由私人资金资助的"格尔德中心"，主要是在创业相关领域扩展创业课程和研究创业的相关内容。

从"创业领导研究所"成立至2008学年，伊利诺伊大学共有多位教师获准成为该所的"教师创业研究员"。这些教师不仅新增了创业的相关课程，而且进一步将以前的创业课程加以修正和改编，在自己特定的学科领域对创业进行了深入探讨和研究。这些课程主要包括"商务管理"、"商务与技术写作"、"城市规划"、"工业与系统工程"等。在2005～2008年期间，伊利诺伊大学很多课程都融入了部分创业教育的相关内容，如"社会工作"、"艺术与设计"、"商务管理"、"教育"、"图书与信息科学"、"商务与技术写作"等，而且上述课程中的大多数课程都纳入了大学本科生理论知识教育的必修范围。

除了大学教育内容中的创业课程数量不断上升外，学生对于创业课程的兴趣及注册参加创业课程实践的人数也在不断上升。2007年，全校注册参加创业课程学习的学生由2006年的5535名上升了到9993名。2008年，单是研究生参加创业课程学习的人数就从2007年的1496人上升到了2761人。根据2007年6月13日"创业领导研究所"提供的报告，2004~2005年，参加非学位创业课程学习的学生人数为41人，参加本科生创业课程的人数为772人，参加硕士研究生创业课程的人数为214人，参加博士研究生创业课程的人数为79人。2005~2006年，参加非学位创业课程学习的学生人数为36人，参加本科生创业课程的人数为823人，参加硕士研究生创业课程的人数为192人，参加博士研究生创业课程的人数为73人。2006~2007年，参加非学位创业课程学习的学生人数为98人，参加本科生创业课程的人数为2746人，参加硕士研究生创业课程的人数为536人，参加博士研究生创业课程的人数为629人。

2. 创业教育计划

伊利诺伊大学的创业教育计划首先包含了创业证书计划，伊利诺伊大学商学院、法学院、农业消费与环境科学学院等联合提供了生命科学领域的创业与管理研究生证书计划。这项创业证书计划是学校学术单位之间的跨学科合作典范。创业证书由全校最富活力的研究机构"染色体组生物学研究所"提供，工程学院"技术创业者中心"也相继提供了两个创业证书，分别是本科层次和研究生层次的创业证书。工业企业系统工程系提供了"一般工程"本科学位，该学位要求所选的学生必须选择第二领域。据调查，创业课程是最受学生欢迎的第二领域。

此外，伊利诺伊大学还开始了创业辅修计划，这主要是针对本科生的创业辅修计划，由大学教师事务创业政策委员会起草设立，另外还有商学院和工程学院联合举办的"创业技术与管理"辅修。商学院商务行政管理系面向本科生提供了创业专业本科计划；工程学院工业企业系统工程系及普通工程系向硕士提供了"系统与创业工程"硕士学位；人力资源教育系在硕士层次提供了创业专修，商学院技术管理硕士与创业密切联系，该学位将教育与技术创业融为一体；工程学院工业企业系统工程系及普通工程系向学生提供了"系统与创业工程"博士学位；人力资源教育系在博士层次提供了创业专修，商务行政管理中的战略管理团队也支持博士计划中博士生对创业的重点关注。

"技术创业者中心"提供的技术商业化课程由工业与系统工程系的杰出教师、法律专家及著名创新改革者发展和提供。该计划主要包括了一门课程和两个小时的选修课程，设计这些课程的主要目的是让这些学生对技术商业化有一个基本的了解，并将所学知识应用于创新实践。通过这些教育强调课程的创造性与创新性，从而将学生培养成新时代的创业家和商务领袖。此外，工程学院"技术创业者中心"还为本科生和研究生提供了创业体验的机会，为本科生提供了技术商业化证书计划、为研究生提供了战略技术管理证书计划等。

基因生物研究所和商学院提供了创业管理证书，该证书主要面向生命科学和其他学科的有创业意向并想了解商务、经济及生物技术行业法律问题的医学博士、兽医学博士、哲学博士等。该计划将课堂学习与实践相结合，分两学期向博士生、博士后、实践科学家、学术人士等提供应对学术或产业实验室团队管理挑战的必备知识和技能；商务行政管理系也提供创业专业证书，该计划的目的主要是培养学生为在现有的组织中进行创新，或者为管理者创造发展的领域做好准备，以及培养学生为发展新商务的风险企业提前做好准备。商学院商务管理系支持重点研究创业的博士生，人力资源教育系也支持重点研究创业教育及创业培训的博士生。

另外，伊利诺伊大学的创业教育计划还包含了创业服务计划。"创业领导研究所"通过多个计划培训、教育，引导人们的"创业性思维"，并努力将自己发展成为引领组织和机构变革的领先者。"创业领导研究所"提供的服务计划有公益创业夏季培训计划、发斯特拉可创业者培训计划、全球大学在线学习讨论计划等。

公益创业夏季培训计划是当地社区组织为大学学生提供连续三个周末的免费商务培训。在培训计划中，大学的本科学生被安排在组织中免费进行实习，帮助他们培育自己的商务计划和组织策略。公益创业夏季培训计划主要有理论课程学习和实习两部分内容，目的是发展学生的商务洞察力，使他们更好地完成自己的使命。发斯特拉可创业者培训计划主要是为伊利诺伊研究园的创业者提供一个为期九周的"可发育企业"培训课程，培训主要是根据创业者在经营管理自己公司过程中所积累的宝贵经验，同时激励创业者发展自己的能力，以将自己的公司推向一个全新的高度。培训中往往要求创业者批判地思考自己的企业，尝试作出有效的决策和协调企业运行的各个方面，以保证企业获得长期的可持续发展。初期创业者系列讨论计划因为涉及创业整个过程而吸引了大量的学生参与，在计划进行中，教师对学生分别进行个别辅导，同时让学生基于团队在创业中遇到的问题不断修改商务计划书。初期创业者系列讨论涉及书写商务计划书的方法技巧、风险企业的构成、风险企业的融资、市场研究、游击式推销（非主流的营销策略）、向投资者推销等内容。全球大学在线学习讨论计划是伊利诺伊大学创业领导研究所通过全球大学在线学习向世界各国大学生提供的服务。有关商务计划书的写作、新风险的企业模式、新风险的企业融资、游击式的推销、向投资者展示自己的创业构思等讲座内容都被摄制成录像，通过创业领导研究所网站、世界大学网络企业网站向全球的创业者提供教育服务，此外还有伊利诺伊计划、实习计划等。伊利诺伊大学通过这些计划向本地社区组织、国内外大学生提供一定的创业培训和服务，这扩大了伊利诺伊的创业教育的影响力度，为该校实现培养创业领袖的目标打下了坚实的基础。

3. 创业教育方法

对于创业教育需要传授的基本理念，学术界还未达成一致，学者面临的本体性挑战在于怎样给创业教育进行定位，怎样理解创业教育。因此，对于创业教育的方法也就缺乏一个统一的认识。实证主义科学仍然是影响伊利诺伊大学商学院的主要范式，创业教育不太容易实现学术的理论化。总之，各种原因导致了人们在创业教育方法上主要关注实践，而较少去关注理论知识体系。

在计算机模拟教学法中，教师要求学生必须设计策略、作出决定以确保小型公司的发展成功。传统的教学方法往往与创业教育的需求不一致，传统教学方法的目的通常是帮助学生获得大量的概念和想法，学生以后可以运用这些概念和想法解决一些实际问题，教师对解决这些问题准备了各种答案。然而，创业教育用这样的模式教学不具有可行性。他们通常是在一个动态复杂的环境中行动，他们必须具备应对并解决大量错综复杂问题的能力。因此，判断未来发展趋势的能力远远比根据眼前发生的事情作出适应性调整的能力更为重要。个人和团体在行动、尝试、犯错误的过程中学习和发展自己的适应能力，相信模拟法给学生以新的超乎预料的体验，学会应对失败、发展顺应形势的能力更加重要。

伊利诺伊大学在选择基于计算机模拟教学方式之前，首先考察了教材的内容，确定了基础知识和需要达到的目标。例如在"创业模拟计划"中，参与者创办并运营一个零售店，所有的团队在开始时都获得了相同金额的启动资金，在模拟结束时整个商店卖出去商品所获得的价值就是评判他们经营业绩好坏的依据。再如，"创业者模拟"计划要求每个团队购买并运营一个衣物零售商店，同时要求他们对每一季度做出一个计划，实施改革以提高公司的经营业绩，还有"模拟创办小型企业"计划给每一个参与团队几万美元的启动资金，创办一个生产爆米花的小型企业。

创业行为模拟本质上是一种创业体验活动，创业行为模拟设置了一定的商务环境以供学生体验全新的创业行为，培育创业素质和技能。计算机模拟关注的是程序模式并通过一系列努力带来的最终结果，行为模拟关注的是行为和做出决策的过程。参与模拟的团队之间相互竞争，制定策略以赢得最大可能的商务市场份额。行为模拟的目的是培育学生的协商能力、说服能力、构建社会关系网络的能力和吸引合作者的能力。行为模拟包括的活动与实践需要学生具备创业的情感、直觉及驱动力的各个方面，例如培育自己的领导力、寻求创新的解决方案、坚韧不拔的毅力等，学生在传统的教学方法下是很难认识到和发现这些内容的。行为模拟给学生的知识都是直接与创业过程相关的，团队中的学生都是被置于风险与不确定的环境之中，创业的变量是基于一种很可能失败的不确定的因素，也可能基于外部因素而改变的有限资源，这是一种由学生团队自己去发展而不是由教师设定的模棱两可的环境，这些目标涉及情感的投入。

通过录像进行创业教育，在创业教育中录像教学越来越重要，因为它可以用生活的真实案例培养新的创业者。从录像或电影中，学生或新创业者可能学习到很多知识，如激发创造性、寻求与众不同的途径、发现自己的热情并给热情带去生命、使自己的生命不同凡响地认识到创新的无限性、认识创业有时需要冒险和胆量，有时需要细心和谨慎，从不同的视角观察生活并使学生发现商机等。

通过生活故事进行创业教育，这是用生活故事进行创业教育的方法。通过观察发现，创业行为是通过体验和发现学会的，学生通过创业者的生活故事了解到创业者成功创建并经营公司的条件和过程，这很大程度上推动和促进了学习者走上创业的道路。

通过角色扮演进行创业教育可以培养学生的情感，从失败中不断学习。通常很多高等学校的创业教育都强调成功的因素，而很少关注失败。事实上，虽然失败很痛苦，但失败才是创业的本质，失败是通向新机会的桥梁。通过角色扮演进行创业教育综合了以前一并使用的很多教学策略，例如阅读、案例研究、模拟等，其中最重要最常使用的是角色扮演。角色扮演中，学生会在很多不同的生理的、心理的、物理的环境中体验各种行为和态度。

通过在线通信工具进行创业教育，在线通信工具如电子邮件、网络等为学生提供自由讨论的强有力的平台。通过在线通信工具可以实施一些共同的合作任务、发展同学间的评论、促进教师与学生间的交流等。这与传统的写作任务和讨论平台相比，运用在线通信工具可以促进写作、合作及讨论，并且这需要更多地关注这些活动的设计结构。此外，根据这些活动选择恰当的通信工具至关重要。伊利诺伊大学在实施创业教育过程中，通常使用两种工具，一是运用在线工具促进讨论和写作，研究表明现代通信工具能够提高学生的写作能力、批判能力，并吸引更多的学生参与其中，尤其是在线论坛能够促进学生思考自己的工作。同时，研究发现很多在教室不大容易加入讨论的学生也能在线上积极参与同学间的互动。二是运用不同步的通信工具进行教学，不同步工具是指使用者可以张贴或邮寄，然后所张贴或邮寄的资料由别人阅读和回复的一种工具。最常用的不同步通信工具就是电子邮件，此外还有"邮件列表服务"、电子公告牌、网络新闻在线讨论、博客等，这是一种提供共同创作环境的网站。三是运用同步通信工具进行教学，过去的几年，基于网络的同步通信变得十分普遍。大量的商业网聊工具如"即时信使"都经常用作正式及非正式的同步通信工具。课程管理软件如"伊利诺伊指南针"具有很多功能，可让学生进行图像传输、同步观看"自板"图画、分享互联网网络以及浏览基于文本的通信等。

4. 创业教育活动

创业体验活动是伊利诺伊大学向全校学生提供大量可供选择的创业体验机会，如"思想碰撞"活动。学生通过这些机会能够学到领导技巧，增强自己的创业热情，获得创业创新的新方法，扩大知识面并发展自己经营管理的企业。戴尔—可扎特创新团队商务计划大赛的参赛者就从思想碰撞活动的优胜者中产生，并在该活动年获得资助。戴尔—可扎特创新团队商务计划大赛，在比赛中有一个"快速组队"环节，给那些有商务点子的学生提供机会并向其他有兴趣加入团队的学生陈述自己的观点，并对希望加入团队的学生进行现场采访面试。克拉勒特开放之夜活动由克拉勒特表演艺术中心赞助，在该活动中，每位参与者需在一分钟之内阐述自己能改变世界的新观点。

夏季创业实习活动是由"创业领导研究所"向那些基于伊利诺伊大学

新技术成立的公司提供资金资助，为对创业感兴趣的学生实习提供补贴，同时与伊利诺伊大学或伊利诺伊州成立的其他组织进行合作，向对创业感兴趣的学生提供一定帮助，这大大减少了新成立公司雇用员工的费用支出，也为参加创业学习的学生创造了亲身体验创业环境的新机会。

募集资金及发展活动，"创业领导研究所"并不仅仅是在以前商学院创业中心中简单地扩展出来，它被赋予了很多崭新的使命与期望。成立之初，"创业领导研究所"的主要活动就是募集资金。在资金募集活动中，学生是一支重要的参与力量，包括向校友团队的区域性负责人、区域性基金会活动陈述计划、与技术及经济发展办公室合作申请库尔特基金会的资助以加速技术商业化。

伊利诺伊冒险行动是帮助有创业点子又需要资金注入的学生获得别人的建议和经验。"伊利诺伊冒险行动"的领导团队主要向基于伊利诺伊大学技术组建的新生企业提供经验与咨询支持。"伊利诺伊冒险行动"的领导小组选择一定的学生团队，每队资助一定的资金，提供办公场所，让学生们生产一个软件雏形。"伊利诺伊冒险行动"领导小组组织学生团队与风险资本家、天使投资人面对面商讨。

创业学习活动是伊利诺伊大学除向全校学生提供直接体验创业的机会外，同时也注重对创业知识与经验的培育，如提供机会让学生去研究公司中参加商务实习和现场学习。更重要的是，学校每学年考虑提供辅助课程与体验学习活动的时候，总是注重增加大学生的参与面和内容的覆盖面，考虑为不同学术背景不同专业知识的学生提供相互学习和相互借鉴的一个平台。

在芝加哥两月举办一次的伊利诺伊技术论坛是由伊利诺伊大学工程学院"技术创业者中心"赞助。借此机会，在校学生可以向创业者、天使投资人、风险资本家、服务提供商等展示自己的创业才能，推销自己的商务点子。学生创新孵化器设在"技术创业者中心"，学生创新孵化器前身是学生创业学习实验室，它为学生提供了一个良好的学习环境，学生可以在教师和创业家的支持帮助下追寻自己的发明点子，分析自己的创业计划，识别并评估市场机会。

"从发明到风险企业"活动由"技术创业者中心"组织并提供资助。"技术创业者中心"从"国家大学创新发明者联盟"获得资金支持，每年组织"从发明到风险企业"活动。活动过程主要是教师、学生、社区人员聚集在一起研讨技术商业化问题，每次这样的研讨会都有一个主题。

"从高级发明到风险企业"活动是紧接着前面"从发明到风险企业"活动进行的，该活动是一个研讨会，主要由创业经验丰富的创业家向即将创办企业的团队提供建议和咨询服务。创业家针对资本化、雇佣员工数量、市场评估、商业化背景下的发展等问题解答学生的疑惑；并且，研讨会结束后，创业团队还会和创业家一起共同完善创业计划书。

"关注创业者"活动是周期性的系列讲座，目的是展示与伊利诺伊大学有联系的著名创业者。第一次讲座邀请的是世界著名的"古米特三明治"创始人，同时也是本地创业者利亚涛德，该活动为研究所与其他学院之间的合作提供了良好的机会。

创业讲习班是由伊利诺伊大学"创业领导研究所"面向全校教师、研究生及职员提供的创业知识短期培训，研究所教师和从外面邀请的顾问根据参加创业培训者的知识技能状况、教学过程中即时出现的问题提出自己的独到见解，并传授创业的知识技能，提供他们从研究、教学及快速成长的公司和机构的中收集的经验，竭力为学习者创业扫除不必要的障碍。

伊利诺伊大学资助和举办的创业体验活动、创业学习活动还有很多，如"艺术领域自我雇佣讨论会""商学院豪福特系列讲座""计算机科学系杰出创业者系列讲座""新生创业者系列研讨会""创新团队商务计划大赛""设计问题系列讲座""创新锦标赛""创新庆祝会""全球大学网络企业讨论会"等，这些创业教育活动增强了教师和学生的创业兴趣，提高了创业者或潜在创业者的创业技能，营造了浓郁的创业文化氛围。

5. 创业教育组织

伊利诺伊大学"创业领导研究所"于 2004 年在考夫曼基金会的资助下成立，隶属伊利诺伊大学商学院。"创业领导研究所"面向全校教师、学生及社区人员提供创业计划、创业服务及创业资源。"创业领导研究所"的使命是在全校的各学科中激发创业意识和创业积极性。研究所全年赞助创业活动，举行创业讲习班、公开讨论、商务计划大赛、座谈会、创业讲座等。

"创业领导研究所"已获得考夫曼基金会资助巨额资金，之后还会参与多个外部资金资助的创业科研项目申请，这表明人们已经开始接纳创业，并认为创业研究也是学术研究的范围，并能给很多学科的活动带来更多的价值。如向国家科学基金会申请"科学、技术及学习中的创业领导"，向国家科学基金会的研究生综合教育与培训计划申请"逐步全球化的基因组技术"等，此外研究所还获得了伊利诺伊州人文学科、艺术及社会科学计算中心提供的资金资助，与大学"全球研究中心"合作并向美国的教育机构提出申请，重点研究跨文化创业的比较分析。

好的方案和创业行动经常因为缺乏资金资助而不能真正地实现其应有的价值，因此研究所设立了创业领导研究所机会基金，为教师和研究生提供创业资金并促进和激励创业成果的发展。近年来，研究所重点支持对创业理解的研究，鼓励学生参加创业计划大赛，资助创业者对创业机会的探索，资助他们能为社区带来具有一定社会价值、知识价值和经济价值的项目。该基金主要资助一些创造、创新与创业研究的学者，支持各学科的教师和学术专业人才运用各种各样的方法，多视角探讨创业领域的理论及实践问题，鼓励创业学者考察研究创造、创新和创业的联系。

"创业领导研究所"的国际合作项目"了解企业"，是国际劳动组织在肯尼亚实施的中小企业发展与职业教育培训计划，当时没有成型的创业培训体系来满足人们的需要，为了填补这一空白，美国伊利诺伊大学商学院"创业领导研究所"的内尔森教授、国际培训中心的马努先生为职业技术教育培训编写了"了解企业"这一系列教材，该系列教材在肯尼亚试用、定稿并出版印刷。

伊利诺伊大学香槟分校的"科学研究园"为创业者提供了一个有利于创业的积极环境。在这里，依靠技术的企业与从事科学研究的教授、学生可以利用学校的实验室及其他基础服务设施通力协作，这些掌握最先进技术的研发人员以及实习生与公司一道共同致力于新产品的研发。在研究园的公司有阿博特实验室、国家农场、雅虎等。此外，研究园还有 30 多家新生公司在这里实现技术的商业化。

伊利诺伊大学科学研究园主要致力于识别与跟踪技术发展趋势，根据学术和产业正出现的技术问题进行创新，聘请高素质的学生、学者，使企业低成本获得高质量的劳动力，进而调节对科学研究的赞助方向，使科学研究人员更多地介入企业赞助的研究项目当中，并帮助监控进展情况。通过实践验证科研成果，通过专家的咨询融入教师的最新创新成果，此外还可以提供创业机会，使企业与研究园中新成立的公司相互交流互动，激发研究人员和发明家的创业思维；同时提供一定的机会让同行之间进行相互学习、向研究园中建有研发办公室的领先公司学习。研究园公司的员工可以一边上班一边攻读伊利诺伊大学的高级学位。与伊利诺伊大学签订设施使用协议后，研究园的公司可以使用大学的研究实验室、基础设施及其他大学资源。

科学研究园的使命是鼓励合作研究，加速大学知识成果的商业化，促进经济增长。对寻求提升技术和科研竞争力的公司，科学研究园是理想的战略要地。公司可以通过大学雇用学生实习、招收全职的雇员学生，能以很低的成本为公司完成并验证公司希望的研发工作。另外，科学研究园拥有占地面积约 4000 平方米的新生企业孵化器，该组织以"促进技术商业化、丰富学术环境、支持经济发展"为使命，在整个伊利诺伊大学创业体系中发挥着举足轻重的作用。

"技术创业者中心"使命是充分利用工程学院的创新发明，以伊利诺伊大学 140 多年来培养的众多科学巨匠、诺贝尔奖获得者以及世界知名创业者的成功案例，通过课程和辅助活动汇聚大量的教师、学生和支持创业的校友，使创业者了解技术创新和即将推向市场创新的成功技术。

"技术创业者中心"课程包括"工程创业讲座""工程法律""项目管理""商务技术咨询""跨学科高级设计"等。还有辅助课程"风险企业"

"产品竞争"等。通过学习这些课程或参与这些活动，可以培养学生技术创新及技术商业化的创业意识，并使学生了解市场在接纳过程中本身固有的复杂性。

"技术创业者中心"计划作为伊利诺伊大学工程学院的一部分，注重各学科间的协同合作，拥有来自多个学院和学系的附属研究成员。近年来，中心教师及研究者进行了多项有影响的合作研究，并出版了大量的理论及应用研究成果，为学生及校友提供了教育和职业发展的在线网上证书计划，主导了一定的创业延伸活动。中心提供的证书计划有"技术商业化证书"，主要是为本科学生准备。本计划重点强调创造和创新，通过向学生提供探索商业化技术的知识基础，从而促进下一代创业者和商务领袖的产生。"战略技术管理证书"计划是为具有工程背景又希望在管理方面有特别发展的学生设计的，这样可以帮助学生获得更高层次的战略技术商务决策能力，从而发展他们的领导技能。从创新的观点看，本计划向学生提供了理解的工具，并提出行动计划，孵化出新风险企业，参与创新的全过程，使公司尽快融入市场。"工程师商务管理证书"的焦点是关注商务概念与管理技能的原则与实践，目的是帮助提高该领域工程师的素质，这是成功的管理者与领导者所必须具备的基本知识。该证书计划向学生提供机会探索当今世界技术创新的方式。"职业技能证书"是由"技术创业者中心""工程职业服务中心"联合提供，该证书通过强调商务与人际之间关系的处理能力及终身职业管理，弥补了工程专业学生课程的"短板"，重点关注一个人在整个职业生涯中都必须重视的经验领域。

伊利诺伊大学"技术管理办公室"负责管理大学科研活动创造的知识财产，通过提供服务对知识财产进行识别、评价、保护、推销、发放许可证等，"技术管理办公室"负责知识财产的商业化过程并在每一阶段进行指导工作。"技术管理办公室"的使命是通过对基于大学的技术和知识财产的管理、转移和商业化，鼓励创新、加强科学研究、促进经济发展。尽管"技术管理办公室"不能保证所有创新的技术最终都能受到保护或者实现商业化，但是办公室可以利用所有的资源确保为技术提供一切可能的机会，最终实现技术的商业潜在价值。

"技术管理办公室"在伊利诺伊大学知识财产政策指导下向大学的技术与经济发展副校长负责，办公室的目标包括：①优化伊利诺伊大学科研及知识创新的环境与激励措施。②确保伊利诺伊大学的教育使命不因对技术商业化的追求和转化而受到消极的负面影响。③以最快的速度、最高的效率将技术投入公共利益的实际应用之中。④通过合理考虑大学对知识财产的投资，进而保护伊利诺伊人民的利益。其中，"技术管理办公室"的主要职责是提供技术保护和商业化服务，并最快最好地实现大学创造的知识财产转移。⑤提供及时迅速的专业化服务，确保大学研究成果的成功转化，以推动伊利诺伊州的经济发展，进而为公共大众服务。

"技术管理办公室"对教师的服务包括：①确定知识财产的产生，"技术管理办公室"协同创新发明者对知识财产进行鉴定和披露。当"技术管理办公室"接到知识财产披露信息的时候，办公室确保大学向研究的所有赞助者履行其合同义务，然后办公室为知识财产提供专业的商业化服务，包括技术评估、知识财产保护、推销、发放许可等。②除协商与起草许可协议外，"技术管理办公室"还要提供信息与指导，同时提供关于专利、版权、商标法、大学政策、程序及相关知识财产问题的教育。③参与发展和制定知识财产政策，解决涉及大学科学研究及技术商业化活动的问题，如创建发放许可证的指导方针，回应教师们的积极行动，建立新生公司将大学拥有的知识财产进行商业转化，澄清或解决涉及所有权和许可证权利相关的问题。

"技术管理办公室"与技术商业化。"技术管理办公室"始终致力于创建新的推销策略，从而提高人们对大学技术的产权意识。寻找可能购买技术者并与之协商，推动专业性会议和商务展销，即时更新技术管理办公室的网站信息，对新发行的创新技术作简报，将一些关于可获得技术的论文安排在期刊或其他出版物上发表。事实上，伊利诺伊大学大多数的技术商业化研讨会都是由大学的"技术管理办公室"会同其他相关部门共同举行，如技术与经济发展副校长办公室、科学研究副校长办公室、科学研究园、企业工作部、大学孵化器、伊利诺伊冒险计划风险计划、大学半束缚风险基金等。

贝克曼研究所的使命及目标是消除传统科学技术学科间的障碍，创造传统方法无法企及的科技进步，并冲破障碍以及超越传统大学的组织结构固有局限，促进高质量的前沿跨学科之间的协作。通过知识财产的披露及转移，促进经济全面发展，巩固并维持在全国的高水平地位的学科卓越发展，同时在跨学科研究方面建立本研究所的世界一流地位，确保学术计划和本科生教学服务的卓越性，确保研究生教育的卓越性。

贝克曼研究所的科学研究目前主要围绕四大主题，包括生物智能、人机智能互动、综合成像、分子与电子纳米结构。基于这四个主题，研究所提出了两个战略行动计划：成像与环境政策的社会维度和健康的身体、头脑、心灵及社区。来自多个学院、多个学系的上百位教师和数以百计的研究生、博士后助理研究人员在这里进行深入研究。这种团队构成的多样性促进了新观点的产生，给研究主题带来了一种新的视角，同时也给全校及全球其他研究带来了积极影响。贝克曼研究所的科研促进了其他机构科研的发展，如生物医学成像中心、成像技术团队、伊利诺伊模拟实验室等。从核磁共振成像到虚拟现实工具，贝克曼研究所的科研成果为整个社区的研究工作提供了独特的宝贵服务。

贝克曼研究所战略计划的目标是打造世界杰出的跨学科研究机构，并致力于领先世界的物理科学、生命科学和工程学领域的交叉研究及应用研究。为了实现这个宏伟目标，贝克曼研究所长期以来形成了具有严格考核程序的战略计划。这些考核涉及研究所的使命、发展方向、研究计划的质量、研究支持、研究成果发表情况、教师间的合作和相互影响借鉴及其他作为世界领先的科研机构所需的要素。从贝克曼策略计划可以看出，该研究所注重跨学科跨领域的合作研究，并且非常强调其研究的领先性，突出研究所的世界领袖地位。这些策略及目标毋庸置疑是基于其卓越的学术背景支持以及雄厚的资金支持。

（三）伊利诺伊大学创业教育保障体系

1. 创业教育政策保障

创业，尤其是工程学院型创业，主要依赖技术的创新和商业化。没有卓越的科学，技术的创新就会成为无源之水。所以在一定程度上讲，对科学研究的重视是创业教育必不可少的基础。2006 年 8 月，伊利诺伊大学校氏通讯 9 号——"晋级与终身教职"特别规定，科学研究、教学、公共服务都可作为晋级和终身教职的标准，明确指出了服务不仅仅是面向内部，不仅仅是为社区，教师有重要的公共服务责任。该通讯指出公共服务与创业相关，包括：①教师应该使科学研究容易理解，在特定的专业或应用环境能加以应用。②教师应参与经济和社区发展活动。③教师应与学校、产业及社会机构合作。为了促进创业的发展，大学成立了主要由学院院长组成的"校园咨询委员会"。这个委员会帮助克服了很多行政性障碍，推动了全校的创业及创业教育的发展。

伊利诺伊大学科研与论文发表政策。正如伊利诺伊大学分管学生事务的副校长所言，伊利诺伊大学是一个鼓励创新创造、鼓励新奇点子的场所，在这里任何一个人都可以努力做你自己，做你最好的那个自己，大学尊重所有人的所有思想，自由言论和自由表达在这里得到最广泛的体现。伊利诺伊大学奉行任何国家任何民族的任何人具有平等的价值，这是大学的基因，所以大学尊重差异，奉行"一个校园，千种声音"。伊利诺伊大学的政策主张和鼓励教师享有完全的质询、演讲、教学、研究及出版发行的自由，保护学术人员不受大学内外的负面影响，消除一切限制学术人员对学术兴趣的自由选择的障碍。作为一个公民，大学教师可以行使与其他公民相同的自由权利而不受大学机构的审查或惩戒。当然，教师应该注意自己的准确性、直率性及尊严，需要符合自己与大学的关系及自己的学者身份，因为公众会根据一个人的行为及言语判断这个人的职业和与之相关的大学。凡是认为自己没能享受大学政策所主张和鼓励的学术自由的学术人员有权经过书面申请要求"学术自由与终身教职委员会"举行听证会。

伊利诺伊大学要求教师员工们在教学、科研、服务及其他专业事务中努力坚持最高的专业水准。在大学进行的研究或由大学教师、雇员、学生及其他使用大学资源设施的人实现的科学研究与发展的成果，以及由大学承担费用或从大学基金及大学控制管理的基金资助下所取得的科研成果和科研发展都属于学校，都应该应用于为大学创造最大的效益，给公众带来最大的实惠。学校要求发明人将发现发明申请专利，并指定专利受益人为学校。但是，如果伊利诺伊大学教师的发明发现是在他们作为大学教师的常规职业义务之外，或者发明发现者没有使用大学的基金或大学管理的基金，也没有使用大学的设施资源，那么发明专利的受益人则为教师本人，而不必是学校。

伊利诺伊大学政策鼓励，并有大学资金补贴教师编辑、出版科学及学术论文、期刊、著作。凡是大学学术系列的人员都可以享有自己成果的版权，除了大学资金资助而受特别条款的约定或者受其他合同约束。

知识财产是一种能够对财产拥有者带来知识或经济价值的财产。州法规、联邦法规及一切与产业、州政府、联邦政府、基金会等签订的科学研究协议都要求大学管理和保护好这些大学研究计划中获得的知识财产。伊利诺伊大学 2009 年 9 月 10 日修订的大学组织及程序总则指出，技术信息、发明、发现、版权作品及其他可能投入实际应用的创造性成果，可能是来自大学教师或学生在完成教学职责或完成学习任务过程中，通过使用大学资源如设施、设备、资助基金等创造的，均为大学的知识财产。伊利诺伊大学出台知识财产保护政策的一个目的是鼓励新知识的发现及发展、鼓励新发现和发展的知识转向为公共利益服务及应用经济的发展。另一目的是增加大学的收益，为发明创造者谋求经济利益并使发明发现者赢得赞誉和名声。再一目的就是保护大学从事学术研究的自由，在大学里最大限度地营造良好的环境激励新知识的研究和创造、确保大学的教育使命不受负面因素的影响。

对于知识财产商业化所获得的利益分配问题，政策规定当大学收到收益后，所有的支出、即将履行的义务、合理的未来支出如财产保护、防止他人侵权、推销、获得许可、管理财产等费用，都从所获得的收益中扣除。余下的40%收益归发明者，如果发明者系多人，则大学负责合理分配直至所有相关者都接受分配方案，发明者所隶属的单位获得收益的20%，大学获得收益的40%。并且规定，大学所获得的40%收益必须用于支持技术转移活动、学术计划或研究计划。

对于雇员分内职责创造的知识产权成果，或者大量使用学校资源、设施、资金而创造的知识产权成果，所有权归大学。但是，即使大学是该知识产权的拥有者，发明创造者同样享有权利分享这些成果商业化带来的经济利益。同时，针对可专利化的成果，专利上都一定写明发明者是谁。为了完成大学作为赠地学院的公共服务使命，大学鼓励教师创造技术并通过商业化将其技术应用于公共利益。这些政策规定与修订前的版本相比，扩大了知识财产涵盖的范围，有利于激励大学师生勇于创新。

伊利诺伊大学义务与利益冲突政策涉及大学付给薪水的所有学术人员，无论是全职还是兼职。学术人员包括教师系列的教授、副教授、助理教授及所有在"教授"前面加有"研究""附属""访问""临床"称号的人员、讲师、授课教师、学术专业人士、博士后助理。当学术人员的外部活动需要花费他们的时间、精力和注意力，以致影响到学术人员对单位、对学生、对大学应该承担的责任和义务时，当学术人员直接或间接地影响大学的事务、大学的科学研究及大学的其他工作，这些影响给学术人员本人、家人及其他相关人带来利益，给大学的声誉、大学的教学使命、科学研究及公共服务带来损害时，伊利诺伊大学则认定这些外部活动和行为与学术人员的义务形成了冲突。

尽管教学和科研是大学的主要功能，但是公共服务也是必不可少的责任。伊利诺伊大学鼓励学术人员积极参与大学外增强学术人员技能或为公众提供服务的一切活动。例如，学校鼓励学术人员向校外组织提供专业服务，参与专业社团活动，只要时间不至于太久，对大学资源的占用不至于太多。当然，大学还是希望学术人员在职期间全身心致力于向大学尽自己的专业职责，高质量地完成大学交给的任务。大学鼓励学术人员抽出一定的时间为获得额外个人报酬参与外部活动，如果这些活动能强化学术人员的专业技能，或者这些公共服务有利于其教学和学术发展均是被允许的。允许学术人员参与校外活动，很多校外可能带来报酬的活动并不被认为构成利益冲突，所以学校学术人员参与这样的活动无须向学校报告，例如，①收取谢礼、津贴，出版学术著作和其他作品，提供讲座或报告收取酬金。②出席专业性研讨会、作学术报告、举办研讨班和专题讨论会。③在学术组织、政府组织或其他非营利组织担任特别顾问和担任专门小组成员并为此获得报酬。④参加伊利诺伊大学董事会批准的临床实践计划。⑤根据大学或其他学术机构版税分配政策获取版税。⑥撰写著作、论文、编制软件或其他与大学任务相关的创造性工作获得报酬。⑦从投资中获得收益，如投资股票、债券、公有基金，或者从银行获得利息和红利。

除了上述政策，事实上，学校支持创业和创业教育的政策规定在整个政策体系中随处可见，有的政策是对创业教育的直接支持，但大多数政策都是间接地支持和推进创业教育。如教师服务管理政策规定，大学不能向雇用的任何一个教学系列或行政管理系列的全职人员安排并非本人工作职责领域范围的其他任务。学术人员可以从事可能带来收益的专业活动或商务活动，只要这些活动与其大学利益不存在冲突。又如，学校对学生课堂学习的考勤规定，学生可以选择全日制或半日制上学，尽管半日制上学不被学校官方鼓励。学生可以任何原因申请离开学校，虽然不同的计划、不同的学院、不同的层次如本科生与研究生对可以接受的离校时间长短有差异，但有一点是共同的，即学生可以停止上学，一段时间后再申请接着就读即可。再如，学生可以申请在科学研究园"企业工作部"获得一定的工作空间。学校还建立了专供对创业感兴趣的学生居住的宿舍。对于学生参与技术创新，学校规定学生对作为正常学业一部分的成果享有所有权。即使学校拥有成果的所有权，学生也可以获得许可兴办企业，或者获得大学许可，学生可以从中获得部分收益。

2. 创业教育经济资助保障

作为全美公立学校排名前八位的研究型大学，伊利诺伊大学获得了大量的资金资助，包括考夫曼基金、贝克曼基金等。大学一方面获得多渠道资金资助，另一方面又将多渠道获得的资金以多种形式、多种渠道用于资助学生的学术卓越、技术创新和服务社会。伊利诺伊大学学生经济资助办公室专门为学生提供经济资助。这些经济资助主要来自联邦政府、伊利诺伊州政府、伊利诺伊大学及私人捐款。

在全美公立大学和私立大学中，2002年伊利诺伊大学获得的联邦资金资助量居第十位。伊利诺伊大学香槟分校和芝加哥分校获得联邦拨款及合同资金共计6亿多美元。在美国所有研究型大学中，香槟分校的科学研究列第25位，芝加哥分校的科学研究列第50位。

3. 创业教育质量保障

创业教育质量保障是伊利诺伊大学整个教育质量保障体系的一部分，通过一些组织机构或政策规定确保大学实现其追求学术卓越以及有效服务社会的办学目标。

伊利诺伊大学学术人员遵守对全校师生的学术诚信的规定，伊利诺伊大学致力于科学研究，必须忠于真理和注重准确性。做学问和进行科学调研中的正直和学术诚实至关重要，维护和保持高度的专业诚信道德标准是伊利诺伊大学每一个教师、学生、职员的责任。

伊利诺伊大学教师参议会提出教学、科研、服务行为指导方针，伊利诺伊大学成员在完成教学、科研、服务及其他专业任务时，必须坚持最高的专业行为标准，必须服从规范和道德原则，符合"伊利诺伊大学科研与出版发表中学术诚信的政策及程序""处理歧视与侵扰的政策和程序""伊利诺伊大学关于利益与责任冲突的政策规定"等。教师教学责任规定大学学术单位的任何一个成员有义务尊重学生的尊严，促进学生知识的进步与发展。教师必须向学生讲清楚每一门课程的评分体系、完成一门课程所需要达到的要求，并且这些标准和要求必须一以贯之、公平合理。对学生的学习，教师必须提供反馈及指导意见，使学生清楚自己的长处、不足及努力方向，以促进学生学习的进步。对于任何学生与教师合作完成的工作，教师必须充分恰当地承认学生的学术贡献。对研究数据的处理，规定指出教师有义务保留和保存完整反映实施研究工作的数据，以便审查和评估。不得篡改伪造数据，进行研究时必须考虑研究的一切结果和影响等。针对发表科研论文，规定指出作者只能发表对研究的材料进行认真周密思考后的发现和结论，并提供足够的信息以便其他研究者重复和延伸这项研究。

校园研究委员会根据学术人员提出的申请提供科学研究帮助。该委员会有校长任命的高级教授组成，任期四年，由研究生院院长任主席，每两周举行一次会议。校园研究委员会对新开始从事科学研究的教师提供帮助和指导，提供种子资金和实验性研究项目。在没有外部资源的时候，向研究者提供重要的研究资源，必要的时候提供独特的研究机会。伊利诺伊大学校园研究委员会提供的内部研究支持幅度和灵活性使之成为强化本校学术卓越的重要优势。多年来，校园研究委员会在重要的研究计划和政策发展方面发挥了重要作用。

高级研究中心向分管科学研究的副校长负责。伊利诺伊大学高级研究中心相当于整个大学知识和智力的心脏，将不同学科和背景的学者聚集在一起，鼓励并奖励追求卓越与优秀的科学研究人员。该中心的计划面向全校每一个学科，包括"研究生和本科生研究中心——巴丁学者计划"等。按其制度结构，中心以"高级研究中心教授"为核心开展其研究工作高级研究中心汇聚了全校杰出的学者，在大学享有最高认知度。同时，中心教授又从教师中挑选有创造性的人员，将选中的教师任命为助手或协同研究员。这样以高级研究中心教授为核心就组成了一个高级研究社区，他们每月都会碰头共进午餐，或者举行学术报告会。这些助手和协同研究员也参与一年一度相关研究课题的圆桌讨论会。该研中心将那些不断变化、不断更新的观点的人及卓有建树且富有创新的人聚集起来共同进步。

（四）伊利诺伊大学创业教育的特征及模式

1. 商学院型创业教育

若追根溯源的话，创业教育的起源可追溯到商学院的企业管理教育。

许多人普遍认为，创业教育的开端是美国哈佛大学教授梅斯开设的"新企业的管理"。伊利诺伊大学的创业教育主要由商学院所属"创业领导研究所"推动和实施。传统的就业教育侧重对学生择业观和择业技巧的教育。美国早期的功利性创业教育就是侧重培养学生自谋职业、创业致富。伊利诺伊大学商学院型的创业教育从一开始就彰显其不同于商务教育、就业教育或企业管理教育的独特品质，在向学生传授创业知识、培养创业技能的同时，侧重对学生创业观念、创业思维的培养。

从内容上看，商学院型的创业教育涵盖风险评估、机会识别、机会创造、资金筹措、员工管理、时间管理等。通过教学使学习者认识到，每一个人都可以某种方式与企业存在某种联系，并且每一个人的生活都受自己在企业中所扮演角色的影响。在任何情况下，成功创业者所需要具备的个人潜质如创业领导力、沟通能力、风险承担能力等无论对个人还是对社会都是有益的，发现创业点子的方法及识别和评估创业时机的能力也能使人受益无穷。伊利诺伊大学商学院的创业教育就关注这种商业素质的培养，主张自我雇佣、提升创业能力、培育创业文化。

从方法和目的上看，伊利诺伊大学创业教育强调学习者的积极参与，如小组讨论、商业游戏、案例分析和主题陈述等实践活动，主要侧重教学的实践性、互动性。商学院型创业教育的目的不是让学习者死记硬背知识，而是为了启发他们积极思考，培养创业意识、发展创业技能，最终具备一双慧眼，识别或创造市场机会创办企业，实现财富梦想。

2. "工程学院型"创业教育

近几十年来，世界秩序的巨大变化给工程教育带来了机遇与挑战，今天的世界面临的环境甚至与十年前都截然不同。工程的教育与实践随着制造业、科学研究与发展的全球化而不断改变。新的跨学科领域不断走向前台，传统的工程受到信息技术越来越严峻的挑战。美国让其他国家难以追赶的最强大的武器就是创业，创业是美国的传统强项，并且美国社会有其独特的创业优势——开放、民主、良好的知识产权保护体系、良好的风险资金支持体系等。

伊利诺伊大学工程学院型创业教育并不尝试把所有创业知识都教给未来的工程师，他们需要自己去学习创业，这种对创业的学习需要也许是要伴随一个人的一生一世的。那么，工程学院的创业教育主要关注什么呢？是一种学术机构中的态度、一种意识——一种随时准备技术创新，并且将创新的技术商业化的意识。

伊利诺伊大学工程学院型创业教育向所有的工程及科学学生开放，以"技术创业者中心"为实施教育的主要机构。该中心提供广泛的课程，包括那些对工程和科学学生可实现的基于技术的企业的创办、管理及发展。这些课程的教学方法也形式多样，例如，案例研究、实习、名家讲座、外部风险资本家与学生的见面活动、学生的项目等。所有的课程都涉及团队协作并焦点关注技能展示。该中心帮助学生、教师、校友启动并维持一些创业活动，鼓励教师、学生充分发挥他们的才能和想象力，并提供一系列教育计划、建立网络的机会、大量的技术及其他资源。

"技术创业者中心"加强与外界的联系，包括主办很多关于创业教学的国际性会议。除传授技能技术外，学生有必要了解怎样识别市场机会并在商务中扮演领袖的角色。为了实现这个目标，中心的计划提供了创业市场营销、融资、策略、创新等领域的介绍性课程及高级课程。这些课程涉及面广，包括从本科生和研究生的标准学术课程到大型公开讲座等。本科生创业课程有"工程创业系列讲座"、"工程法律"等，既强调了法律体系的本质与发展，又提供了工程师职业生涯中重要的法律权利与法律义务、合同、统一的商务原则、商品的销售、劳动法、财产法、环境法、人力资源的补偿机制、知识产权等知识，还包括技术创业、项目管理实践实习，主要强调工程团队协调的有效性、工程审视、评估相关的技术、与工程相关的营销与商务计划、工程项目的预算与资金分析、安全性、道德准则与环境考量，工程方案陈述以及商务技术咨询，强调了咨询的程序，明确了工程技术问题、项目管理、技术商业化、人际关系的处理、人力资源管理与领导艺术等的相互关系。

总之，伊利伊斯大学"技术创业者中心"是实施"工程学院型"创业教育的一支主要力量。该中心充分利用本校工程学科的领先优势，尤其是进入全美前五位的土木工程、计算机工程、农业工程等学科。大量的优势工程学科吸引了大量的全球性优秀人才，以及全球性的风险投资资助科学研究与探索。学校开展创业教育始终围绕着自己的优势进行开拓进取，主要在创新技术的前提下实现技术的商业化，同时向学生传授技术商业化、基于高新技术的企业创建所涉及的知识。

3. 跨学科的创业教育

伊利诺伊大学的创业教育很大程度上基于创新的技术，信息时代的创新技术离不开跨学科的合作。因此，为了实现创业教育的目标，伊利伊斯大学十分注重跨学科学术研究支撑的跨学科的创业教育。

跨学科研究是由团队和个人将信息、数据、技术、工具、概念、理论等，从两个或两个以上的学科及专门知识群体中综合起来进行研究的范式。跨学科研究促进基本的理解，达成对一些问题的解决，这些解决方法超越了任何一个单独学科领域的能力。跨学科研究的目的主要在于通过超越以往分门别类的研究方式，实现对问题的整合性研究。跨学科研究是不同学科的相互交融和相互渗透，体现了科学向综合性发展的趋势。科学上的新理论、新发明的产生，新工程技术的出现，经常是在学科的边缘或交叉点上。重视交叉学科，将使科学本身向着更深层次和更高水平发展，这符合自然界存在的客观规律。目前，国际上前景看好的新兴学科大多具有跨学科性质。近年来，一大批使用跨学科方法或从事跨学科研究与合作的科学家陆续获得诺贝尔奖就证明了这一点。就其深刻性而言，跨学科研究本身也体现了当代科学探索的一种新范式。

伊利诺伊信息情报学研究所是特别注重跨学科研究的部门之一。该研究所提出自己的使命就是"发明、想象、创新"。研究所2007年成立时就提出，培养多学科的合作、支持联合的学术研究、提供信息课程和学术计划、赞助科学研究与技术发展。2008年春，伊利诺伊大学委员会做出决定，于2010年春开始招收跨学科博士生，要求这些博士生必须是所申请领域的最优秀代表，并且有足够良好的知识基础支持自己申请领域的发展。

　　贝克曼先进科学与技术研究所提出的使命是"致力领引世界的基础研究及物理科学、生命科学、工程学等交叉的应用研究，发展为著名的公共跨学科研究所"。在提出的具体措施中也强调"严格审查计划、支持新教师研究、增加参与科学研究的机会、发展在基础科学与应用科学之间平衡的研究任务、投资重要的基础设施，确保尖端研究的成功。通过这些途径实现世界级跨学科研究的卓越领先"。

　　伊利诺伊大学"技术创业者中心"与"芝加哥地区创业中心"合作，为高级工程师提供"跨学科高级设计"课程。课程实施过程中，学生承担着个人及团队的责任，参与工程及企业创建活动，并且这些活动有芝加哥地区创业中心的成员公司做监督和指导，这些公司往往也是靠风险资金支持，每年有高达 1000 万美元的收入。参与创业教育计划的学生还能得到工程学院教师们的支持，他们帮学生解决一些技术上的困难，同时提供一些讲座。总之，跨学科研究为技术的创新提供了肥沃的土壤，创新的技术是伊利诺伊大学创业教育的支撑之一，所以跨学科研究也是该大学创业教育的又一重要特征。

　　4. 学术创业主导的创业教育

　　驱动创业的点子和核心技术越来越多地来自大学校园的学术研究，这导致了"学术创业"一词的产生。学术创业是指学者和学术组织突破资源束缚、识别并利用机会，通过科学研究及技术商业化，通过创造、更新与创新产生经济价值的过程。学术创业者是有卓越科学成就的科学家，他们通过学科建树及新实验室或团队的创建树立自己的职业地位，并且为追求自己的目标，不断寻求必要的经济资助。

　　伊利诺伊大学的学术创业过程与创业活动都融入了整个大学体系，尤其是融入办学理念之中。学校办学理念是学校生存理由、生存动力、生存期望的有机构成，伊利诺伊大学学术创业理念体现在它的使命、愿景及主导性原则之中。伊利诺伊大学提出学校存在的使命是通过教学、创造知识及将知识大规模、高质量地投入应用，以改变人们的生活，服务社会发展。学校的愿景是为伊利诺伊大学创造一个光明的未来学校，教师、学生、职员的各项事业都兴旺发达，全州人民、全国人民及全世界人民都能从学校的发展壮大中受益，在教学、知识、服务、艺术与文化、全球性参与、体育运动、促进经济发展等方面提供服务，学校成为世人心目中公立大学科学研究的引领者。学校发展的主导性原则是"有远大的目标、努力掌控自己的命运、对行动负责并承担服务的责任，包容一切，彼此尊重，促进公民的职责和权利的发展，高度重视卓越、质量、服务，培养创新与创造"。这些使命、愿景及主导原则显示，伊利诺伊大学在努力摆脱传统的大学观念，缩短学术研究与实际应用之间的距离，从而为全校学术创业的发展准备了必要条件。

学术创业是将大学科学研究所获得的知识转化为能带来商业利益的产品或服务的渐进过程。这与商学院型创业的区别在于，一个侧重将科学研究所获得的知识的转化，另一个侧重通过识别和创造市场机会创办风险企业。由此，学术创业的前提条件就是科学研究所获得的知识。伊利诺伊大学有着良好的支持学术创业的学术基础，伊利诺伊大学学术上做到了广度与深度并举，有150多个本科生计划，100多个研究生和专业学位计划，卓越的教师团队使学校很多学术计划跻身世界最优秀的行业。伊利诺伊大学还拥有良好的公共服务传统，作为一所赠地学院，伊利诺伊大学多年来一直致力于公共服务，发现和应用知识推动和服务社会。学校教师学生员工都与社会各界协同应对社会的需求及抓住其发展的机会。正是通过这样的合作，学校将社会的需求嵌入了学校教育使命和科学研究的发展中。

至今还活跃在美国学术界的科学泰斗以其领先世界的科学发现给全人类生活的改善带来了福音，给伊利诺伊大学的科学研究团队带来了更多的科研经费，同时，也给大学技术的发展和技术商业化奠定了基础。技术的创新正是学术创业的灵魂。此外，伊利诺伊大学还拥有一大批技术创新巨匠，他们的很多发明直接贴近人类生活。

总之，受整个美国文化的影响，伊利诺伊大学师生主张通过个人奋斗以获得成功，对自己的人生有长远的设计和打算，有果断勇敢的阳刚性格，有强烈的人人生而平等的意识，有敢于冒险的创业精神，这样的文化环境支撑着伊利诺伊大学教师和学生学术创业的发展。

（五）伊利诺伊大学创业教育的影响

伊利诺伊大学创业教育的影响是全方位、多层面的。首先，校园内形成了良好的积极参与创业的文化氛围，开设的创业课程数、注册参与创业课程的学生人数、申请加入创业教学及研究团队的教师人数、创业计划、创业资金资助等显著增加，硕士生和博士生学位论文主题关注创业，社会捐赠开始专项资助创业等。其次，由于创业教育的发展，新创办企业和技术商业化的增加对地方经济的发展做出了贡献。

1. 创业教育与创业氛围

总体上看，伊利诺伊大学行政管理体系都积极支持创业，教师都对创业怀有饱满的热情。学生都踊跃注册参加创业课程学习，总之，伊利诺伊大学有着良好的创业氛围。

研究所收到的创业项目申请数逐年增加，2005～2007年每年以100%的幅度增长；2008年以来，每年的创业项目中有20个左右的教师申请者，来自全校多个学院，反映了多个学院不同领域教师的创业思维以及对创业在传统的商务及技术领域之外的重视，教师不断创设新课程融入创业内容。在工程学院，大量的创业课程被列为学院的永久性课程。法学院、商学院、兽医学院、农业—消费者—环境科学学院、人文艺术科学学院、医学院等联合提供生命科学创业与管理专业证书。研究所每年收到大量的研究资助申请，竞争非常激烈，由于资金有限，每年有大量优秀申请者被拒之门外。一半以上的伊利诺伊大学2006级新生对在大学学习怎样拥有自己的企业感兴趣。近1/3的新生对努力学习做一个成功的发明家或富有创新性的艺术家感兴趣。近一半的新生对学习怎样有效地为社会变革服务感兴趣。

自2003年以来，伊利诺伊大学的创业课程快速增长，学生注册参加学习的人数大幅度上升。在实施创业教育以来，大学最大的变化是营造了创业文化环境。人们认识到，创业不仅仅局限于那些学习商务专业的人，事实上，每一个学科的人都可能成为成功的创业者。教师、学生、职员等都逐步认识到创业是一种创造和创新的思想倾向，创业可以发生在人生的任何一个发展阶段，可从内部创业者到企业老板，到风险企业创始人，到企业精英。一个明显的例子就是，研究所的"新创业者系列讲习班"吸引了来自全校各个不同专业的学生。

一个还没有决定专业的新生每次都参加了研讨会，因为在这里可以学习到教室无法获得的东西。这里的研讨使他感觉到似乎他的一切热情和知识都可以转化为创业活动，其他的专业似乎都不适合，创业学习似乎是为他量身定做的，能真正唤醒他早该开发利用的兴趣。此外，全校性的合作大幅度增加也是创业环境变化的体现。在"创业领导研究所"的带领下，很多学院单位相互合作参与创业。尤其值得一提的是，"创业领导研究所"与"全球大学网络"之间的国际合作，通过在美国芝加哥、英国利兹、中国杭州等地主办的系列研讨会使伊利诺伊大学的创业精神和创业热情传遍世界。

2. 创业教育与社会经济发展

创业教育是一种素质教育，它促进创业者素质全面发展的同时，亦促进其个人财富的增长。创业教育倡导创新技术的商业化及发现和创造市场机会，将可能带来经济效益最大化，从而实现个人或机构的财富增长。创业教育通过培养创业意识和创业技能影响个人，通过形成创业文化或制度影响社会。个人在创业友好的环境中创办公司，通过创新和竞争推动公司业绩的发展，进而实现个人财富的增长和社会经济的发展。一个社会的创业教育水平越高，其社会成员灵活就业、自主创业越好，社会效益和经济效益也就越好。创业人员发展得越好，人们的物质、文化生活水平也就越高。因此，创业教育在提升创业者素质的同时势必促进产业结构、经济结构、社会结构的调整，推动社会经济的繁荣与发展。

伊利诺伊大学影响报告显示，2008 年伊利诺伊大学对伊利诺伊州的直接和间接经济影响达 131 亿美元，而且还为该州创造了 15 万个就业岗位。

伊利诺伊大学毕业的校友，通过他们自己的薪水，为伊利诺伊州的经济贡献达 212 亿美元，包括创造 265000 个就业岗位。调查发现，拥有不同学位的人之间年收入存在差距，因而为政府提供的税收就有区别，由此计算出每个学位如学士、硕士、博士、专业学位等多为政府缴纳的税收，足以表明大学对政府和社会的经济贡献。伊利诺伊大学每年授予约 18000 个学位，从 2008 财政年看，伊利诺伊州政府共向大学拨款 7.26 亿美元，根据大学培养的学生人数、授予的学位数量计算，大学未来能多为政府缴纳税收 12.61 亿美元，可见，州政府投资教育可赢利 5.35 亿美元。

创业教育对毕业生的收入有显著影响。创业教育毕业生比非创业教育毕业生的收入高 27%。在个人性格特征及其他因素不变的情形下，接受创业教育的毕业生比没有参加创业教育的毕业生每年多收入 12561 美元。创业教育促进小型企业的增加。雇用接受过创业教育的学生的小型企业销售量和工作岗位的增加都大于雇用非创业教育的学生，创业毕业生拥有的企业通常比非创业教育毕业生的企业规模更大且销售量更大。

创业教育也促进技术从大学向私立部门的转移，促进基于技术的企业及基于技术的产品的产生。创业教育毕业生更易谋职于得到转让许可的技术公司或将技术许可转让给其他公司的企业。在自我雇佣的创业教育毕业生中，23% 的人拥有高科技公司，而非创业教育毕业生拥有高科技公司的只占 15%，创业教育毕业生更易于参与发展新产品、花更多的时间研究与开发生命周期较短的产品。在其他因素不变的情形下，创业教育增加毕业生谋职高科技企业的概率达 13%，增加其开发新产品的概率达 9%。

根据对多个学院院长、系主任及负责开发的管理人员的调查，伊利诺伊大学的创业教育增加了私人部门对大学和学院的经济贡献。伊利诺伊大学因为创业教育计划的存在而多获得的私人资助达 33%。事实上，我们有时很难将伊利诺伊大学对地方经济的贡献与该大学创业教育对社会经济发展的贡献截然区分开来。大量数据显示，创业教育的开展为大学的发展赢得了更多的资金资助，更多的资金促进大学的发展。所以，一定程度上讲，我们有理由将伊利诺伊大学对社会经济发展的贡献部分地归功于创业教育对社会经济发展的贡献。

　　作为伊利诺伊州最优秀的综合性大学，伊利诺伊大学拥有众多世界一流的学者及技术创新的领军人物。由于知识经济的发展及全球化的到来，社会对大学提出了新的期待，大学不能再继续禁锢在远离社会变革的象牙塔，必须走向社会发展的中心，缩小科学研究与实际应用的差距，直接投身到推动社会发展并服务地方经济的实践之中。加之，政府投资和外部捐赠的缩减，毕业生就业岗位的减少，进一步推动创业教育走向学校发展策略的前台。基于学校的实际，伊利诺伊大学的创业教育选择了自己独特的发展路径。从实施创业教育主体的视角，伊利诺伊大学创业教育主要有"商学院型"和"工程学院型"。首先，两种类型的创业教育共同点都是致力于培养学生的创业思维和创业意识。其次，它们又各有侧重，"商学院型"创业教育侧重传授有关创办企业的知识，如识别或创造市场机会、进行市场评估、筹措资金、时间管理、人力资源管理、市场营销、利益分配等。"工程学院型"创业教育基于伊利诺伊大学的优势资源而主要参与发展技术创新。事实上，学校在全美排名领先的学科院系多建有研究所或研究中心，都参与了与实际生活和经济发展接轨的应用技术研究。当然，伊利诺伊大学的办学者有其引领世界的崇高目标，所以，学校对基础科学研究予以同样的重视。基于创新的技术，学校通过技术管理办公室等部门与产业衔接，实施技术转移、参与校企合作、创办衍生公司或创办新企业。正如伊利诺伊大学创业领导研究所教授、联合国国际劳动组织顾问内尔森博士指出，创业教育是提升人的素质的教育，创业教育要培养学生的"领导能力、创造能力、解决问题的能力、人际关系能力、团队协作能力"。这些能力在创办企业实现自我雇佣中依然是至关重要的，但创办企业不是创业教育的唯一目标，因为任何人，处在任何生活和工作背景下，上述五种能力对人自身的发展、对提升自己对社会和社区的存在价值都是不可或缺的。

　　另外，从实施创业教育的方法上看，伊利诺伊大学创业教育具有明显的跨学科特征，从创业教育的内容上看，明显是以学术卓越为基础。学科的交叉既是新时代科学研究的需要，也是培养 21 世纪复合型人才的必然选择。没有学术卓越的支撑，没有创新的技术支持，创业教育就会显得十分苍白，创业教育就会沦为职业技术培训或企业管理培训。由此可以概括地讲，伊利诺伊大学的创业教育是在跨学科研究与卓越学术支撑下，基于创新技术商业化的"工程学院型"创业教育与目标指向自我雇佣的"商学院型"创业教育的有机结合。

二、中国慕课创业教育

慕课是大规模网络在线课程，是在互联网、大数据分析等信息技术推动下的高等教育方式的变革，能够实现世界优质教育资源共享，可以让学习者自主选择优质的学习资源，紧跟时代的发展。慕课是一种新的学习和教育方式，是对传统教育模式的重要改革和完善。积极推广和运用慕课，对深化高校创新创业教育改革，促进"大众创业、万众创新"，实施创新驱动战略具有重要借鉴意义。

（一）慕课的先进理念及在我国的发展

"慕课"发展的理念源于早期的开放教育资源运动思潮。2001 年美国麻省理工学院启动了"开放课件"项目，将该校的课程教学资源通过互联网向全球免费开放，向学习者提供。这种开放教育资源的运动在西方高校得到广泛推崇，为慕课的出现奠定了思想基础。"慕课"发展和应用具有先进的理论基础。

"慕课"强调学习者自主学习，注重通过互联网和网络视频等方式增强学习的实效性，强调在特定情境中培养和提高学习者的创造力，融合了学习联通主义、建构主义、视听与传播理论、多元智能理论等先进教育思想和理论，为其快速发展和广泛应用奠定了基础。"慕课"体现了终身教育和民主平等的思想。"慕课"实质上是打造了一个学习资源自由共享的学习平台，集中了继续教育、远程教育和网络教育的诸多优点，多角度、多元化地满足了多种层次学习主体对高等教育的需求。体现了在线学习、移动互联网、社交服务和大数据分析等理念，打破传统的视频讲授和交流脱节的尴尬局面。基于其先进的发展理念，慕课在我国得到迅速发展。2013 年慕课开始大范围进入我国高等教育市场，当年在 Coursera 平台注册的中国用户高达 13 万人次。2014 年迅速增加到 65 万人，网易公司等推出了中文慕课学习平台——中国大学慕课，目前该平台已联合北京大学、复旦大学等知名高校和机构，推出了哲学历史、文学艺术、经管法学、基础科学、工程技术和农林医学等 800 多门精品慕课课程。随着信息和网络技术的发展，以及"互联网 +""大数据"等技术广泛推广和应用，慕课表现出良好的发展前景。同时，也为深化高校创新创业教育改革开辟了新路径。

我国高校开展的创业教育经历了数十年的发展，基本形成了具有地方特色和学校特点的创业教育模式。面对复杂多变的经济环境，如何改进和优化当前创业教育课程是我们必须面对的问题。随着慕课教学的逐步发展和日臻完善，慕课大规模、开放性和翻转课堂理念等特点，给当前高校创业教育课程改革带来了诸多启示。在"大众创新、万众创业"的号召下，当前高校创业教育课程势必也要受到社会需求与网络环境的影响，需要进行主动、自发的演进。

（二）慕课能够弥补创新创业教育"短板"

2015 年，国务院办公厅印发的《关于深化高等学校创新创业教育改革的实施意见》指出，近年来，高校创新创业教育取得了积极成效，但也存在创新创业教育理念滞后，与专业教育结合不紧，与实践脱节等问题；还存在教师开展创新创业教育的意识和能力欠缺，教学方式方法单一，针对性实效性不强；实践平台短缺，指导帮扶不到位，创新创业教育体系亟待健全等问题。慕课的先进理念和诸多特点，从某种程度上可弥补国内高校创新创业教育的"短板"。

在培育学生自主学习和创新精神上，创新创业教育应是以传授创新知识、培养创业精神、提高创新能力为主要内容的专业教育，体现在教育教学的各个环节。但目前许多高校对创新创业教育理念认识不足，将创业教育列为就业指导的工作范畴，侧重于通过讲解政策、分析形势、传授创业历程等开展创业教育，对自主学习和创新精神的培育不够。慕课相对于传统的课堂教学，强调以学习者为主体，而且学习不受地域和时间的局限。它将传统的以教师教学为主的教育理念，转变为以学生自主学习为主，着力适应学习者的天性和需要，将学习进行了有益的延展，在课堂外学习知识，使传统课堂更多成为师生研讨、提升和培养素养的场所，有利于培育学生的自主学习和创新创业精神。在搭建学习平台方面，当前高校创新创业教育主要以传统课程教学和网络视频公开课为主，没有学生与教师之间、学生和学生之间交流的环节，仅是学习者的单向学习。

慕课与传统的课堂学习方式相比表现出大规模、开放性、个性化、交互式的特点，而且其会聚了充满经验和智慧的国内外创新教育名师，还有世界银行和知名企业等多种主体参与其中，能够较好地避免专业教育与实践脱节的问题，通过网络和学生分享创新创业课程和经验，为大学生搭建成就梦想的舞台。相对于网络视频公开课，慕课有独立完整的教学计划，建立了反馈机制，具有网络视频公开课没有的系统性。通过慕课可以让众多企业家和大学生亲密互动，使学生更有机会参加到实践项目中来，进而提升创新能力。通过参加慕课主讲人线下的交流活动，能够更多地体会到创业的历程，开阔眼界。通过慕课中的交流互动、思维碰撞，激发大学生创新创业的灵感。

在提高教师综合素质方面，教师在创新创业教育体系中起着至关重要的作用。目前，高校创新创业教育师资队伍不能适应创新创业教育的快速发展的需求，成为制约我国创新创业教育的"瓶颈"。慕课的翻转课堂理念，实现了教师角色由传道授业者变为解惑者，课堂时间更多的是用来进行答疑和探讨，这对教师提高综合素质和科研水平将产生积极促进作用。同时，相对于传统教育教学模式，慕课能够减轻教师工作量，开辟教师科研的新空间。例如2014年，我国在清华大学、北京大学试点综合教改方案，提出转变教学中心，变以教为主为以学为主，引入"慕课"式平台进行课堂教学，有效地减轻了教师的课堂工作量，有利于教师更专注于科研，提高专业水平和能力。

慕课借助网络可以实现动辄数十万人的覆盖范围，只要能够接入互联网登录进慕课平台，任何一个个体都可以学习慕课上的课程。不仅如此，课程的发布者也不局限于象牙塔内的专业教师，任何一个拥有一技之长的个体，都可以通过慕课平台，按照相关要求发布自己的课程。这对于传统教学环境固定范围内的授课形式，显然更能实现优质教育资源利用的最大化。

任何一个慕课课程都是学习者自己独立个人意愿的选择，学习者基于自己的兴趣和接受能力可以选择自己喜欢的、适合自己自身专业发展的课程，然后按照固定的时间节点和自身接受能力自定步调地展开学习。兴趣和能力是学习者选修慕课的主要参考因素。随着移动互联网的进一步发展，这种形式对于学习者实现碎片化、个性化学习无疑具有很大帮助。

每一节课学习者都会领取到协同作业的任务，慕课平台较好地规避了第二代网络课程线下交互和同伴交流欠缺的弊端，强调学习任务的联动性。学员们之间的作业通过学员们相互点评来完成。这种充分发挥和调动学习者积极性的教学评价形式，可以很好地实现知识和经验的碰撞，为学习者学以致用、建立与教育实践的有效联动提供了保障。

大数据技术的应用为慕课平台的完善提供了强大的技术支持。通过对学员学业数据的分析，课程的发布者可以及时调整课程内容，学习者可以得到关联课程的有效推送。借助网络平台，幕课讲师为学员提供持续的完善的学业辅导。过去传统教学环境中教学内容和教案更新缓慢，师生交流不畅的情况得到了有效缓解。

（三）慕课环境下开展创新创业教学

Moodle 学习管理平台，是一个免费的开放源代码软件，目前在国内广泛应用，对 Moodle 学习管理平台进行二次开发，建设成为利于开展创新创业教学的平台。在我国，创新创业课程一般为校级公共必修课，分为创新思维方法、创业教育、知识产权、商业运作、专业创新实践等课程。这些课程面向全校学生开设，课程贯穿本科阶段的每个学期；因学生人数多，教学实施过程中存在时间难安排、教室难安排、考核工作量大等问题。为了更好地组织教学，完成教学任务，一些学校建设 Moodle 创新创业教学平台，实行"自主学习＋翻转课堂"的教学模式开展创新创业教学，经过若干学期的教学实践，基本解决了教学中遇到的难题，取得了较好的教学效果。

借助 Moodle 学习管理平台，采用"自主学习＋协作探究"的教学模式，借助视频课程，它不仅翻转了教学流程，也翻转了师生角色，更翻转了传统语言的学习模式，在提高大学生的自主创新能力的同时，能够培养创新思维，激发创业热情。

自主学习阶段：课前的自主学习过程通过 Moodle 创新创业教学平台完成，主要体现在学习内容的展示、教学活动的开展、学生学习流程的监控三个方面。首先用"资源库"展示教学内容，"资源库"提供有"网页""文件""文件夹""标签"等展示学习内容的工具。其次，平台可以创建不同类型的讨论区，我们根据年级分为四个不同类型的讨论区，每个讨论区设有教师管理员。集合"作业""测试"功能开展教学活动。再次，平台还具有"活动进度"功能，监控学生学习过程，督促学生完成学习任务。最后，还可以通过限制访问时间、限定成绩条件、设置活动完成条件等功能来控制学生的学习流程。学生通过 Moodle 创新创业教学平台进行自主学习，充分发挥了学生学习的主动性。

协作探究阶段：经过前一个阶段的学习，学生已经对所学知识有了一定的了解与认知，接下来我们需要设置创新问题，来加深对知识的理解和掌握运用知识的能力。这个阶段可以通过线下的传统课堂来完成。首先由学生根据自身知识的认知范畴，自拟创新创业项目，围绕项目与老师展开探究式的学习，老师要鉴定、评估项目的创新性与可行性，最终确定题目后，给出完成项目的建设性意见，回答学生提出的相关问题。引导学生将创新创业项目从一个简答的想法，形成完整的创新创业项目方案。根据文理科不同，接下来进行实践研究。文科多为社会实践类，理科多为科技制作类。

创新创业实践：进入本阶段，可以自主开发一个创新创业项目孵化网，学生将自己的项目在网络上发布，同时也可以给其他同学的项目助力，当助力项目超过70%的比例时可以获得知识产权申请、创业启动金等方面的资助。学生还可以参加全国创新创业比赛增加经验，根据获奖级别的不同，可以额外获得项目助力比例。

（四）慕课对创新创业教育改革的启示

树立先进的教育理念。"慕课"最早出现在发达国家，在世界范围内得到广泛推广，得益于"慕课"体现的诸多先进的教育理念，也体现了教育的国际化趋势。我国创新创业教育要树立开放的理念，积极借鉴和吸收世界上先进成型的理念。同时还要引导教师和学生树立终身学习、自主学习的理念，这是创新创业教育改革、推进创新创业必备的基础条件。

搭建创新创业教育平台。"慕课"为学习者搭建了理想的学习平台，可满足学习者个性化需要。我国高校创新创业教育改革在搭建平台方面，要将高校、机构和企业等各种资源进行整合，参照"慕课"搭建创新创业教育平台，实现互联协作，满足教师、学生和创业者等学习的需要。例如高校教师也可通过平台提高自身素质，学生只需通过设备接入网络，就可以在任何时间和地点，实时获取教育资源，享受教育服务。

加快教育信息化建设。互联网和信息技术的发展是"慕课"加快推广的重要支撑。特别是由于云计算技术、物联网、现代加密算法等信息技术的发展，使创建创新创业教育平台更加安全和高效。我国高校创新创业教育要在教育信息化建设方面加大投入，尤其是向中西部地区倾斜，实现创新创业教育均衡发展。

三、中美两国创业教育对比分析

（一）背景差异分析

1. 美国创业教育的发展历程和特点

美国的创业教育起步比较早，从 20 世纪 40 年代至今，经历了萌芽、起步、发展、成熟的主要阶段，已经形成了一整套成熟的创业教育体系，也有了很多的研究成果。20 世纪 40 年代，创业教育只在少数的高校开设相关的创业课程，例如哈佛商学院、纽约大学，这是创业教育的萌芽阶段，此时美国的经济正值高速大发展，大型企业足够解决富余的劳动力。直到 20 世纪 70 年代，美国经济进程发展减缓，越来越多的小企业不断出现，并且在经济结构中所占的比例不断增加，自我雇佣的意识在就业者中流行起来，创业教育才得以真正地蓬勃发展，越来越多的美国大学和学院都相继开设了创业课程。自 20 世纪 90 年代起，美国高校的各类创业教育体系逐步建立，课程的开设层次越来越高，出现了专门的创业教育专业领域，甚至提供了创业的学位，在美国大学中得到了普遍的认可。进入 21 世纪后，美国的创业教育走向了成熟阶段，大量的学者开始研究创业教育，各类研究成果又"反哺"创业教育。同时，美国政府通过立法，加强政策的扶持，给予创业者各类政策优惠，支持他们创办微小企业。另外针对高校的学生，鼓励企业通过各种途径和形式在高校设立创业教育发展基金。

2. 我国创业教育的发展历程和特点

我国的创业教育引入较晚，整体发展水平还处于起步阶段，从 1997

年开始，我国各高校陆续地尝试开设跟创业教育相关的课程，获得了一些成绩。与此同时，随着 GDP 增长速度渐渐放缓，各个层次的高校毕业生大批地走向社会，就业问题亟待解决，因此创业教育成为国家的战略发展需要，成为经济发展持续增长的秘密武器。因此，我国政府开始逐渐介入，出台配套政策，召开相关研讨会，大量培训创业师资，从各个方面鼓励高校进行创业相关的教育，引导广大学者进行创业的研究。虽然创业是整个社会比较关注的领域，但近五年学者对于创业教育的研究和关注总体趋于平稳，从相关论文的发表数量和发表层次来看，都有待进一步加强。对于创业教育的研究还处于起步阶段，创业教育还未形成完整的体系。

（二）特征及模式差异分析

1. 机构、政策、资金等方面

创业教育需要政府、社会、高校三者共同努力，政府需要出台相应的激励政策，一方面激发社会参与创业的意愿、热情，鼓励他们加入高校学生的创业活动中来；另一方面，政府的教育部门应鼓励高校对创业活动政策倾斜，形成三位一体。经过长期的实践，美国从政府、社会、高校、非营利组织等多方面入手，形成创业教育的多元主体参与机制，并且成立了中小企业管理局和中小企业发展中心等专业组织机构。我国虽从政府、学校高度重视创业教育，但缺乏系统专业的组织机构。

在实施创业扶持政策上，美国通过立法、政府计划、优惠政策全方位支持创业教育，而我国集中出台了一系列高校、政府、企业协同创新的大学生创业政策和保障机制，譬如各类孵化基地的场地租赁优惠政策、相关参与企业的税收减免、各类各级创业创新创意大赛的举办、创业师资的培训等，有力地支持了大学生的创业活动，但需引导大学生积极了解政策，简化手续，增加可操作性。

在建立多元化的创业教育资金体系上，一般国外创业教育资金体系有两种模式：一是政府主导的资金投入模式，二是市场主导的资金投入模式。我国目前还处于政府主导的资金投入模式，但应结合两种模式的优点，建立完善合理的资金投入模式。

在建立综合性的大学生创业创新实践平台和基地方面，国外由于创业教育开设比较早，形成了一整套的科学创业培养体系，因此，平台建设方面基础条件好，效果比较显著，形成了一批知名的创业竞赛平台。我国近年来着力建设创业平台，但平台建设的复合性与总体利用效果有待提高。

2. 师资队伍方面

美国由于创业教育先行，有创业教育的学科，还有专门的创业方面的学位授予，因此每年会有大批的创业专业的高校毕业生，他们具备扎实的理论基础和校内模拟创业实战经验，成为源源不断的创业教育生力军和储备人才。同时，美国关注创业师资的终身学习，构建了完善的网络平台供在校学生或欲从事创业培训的人员进行学习。综观国内，虽然目前国内的创新创业教育从教育部到高校，都投入了大量的精力和财力，但是由于一些基础的原因，专业的创业师资还比较缺乏，教育部门也尝试了一些方法，通过与专业公司的合作，批量培训授课教师，但是短期的培训考证形式不能形成教师素质的提高，这个需要长期的积淀。因此，教师授课时，还是照本宣科，效果不是十分理想。而且，据调研显示，大部分的高职院校创业课程教师都是由辅导员来兼任，没有专业的教师，他们本身就承担了大量的工作，因此，这方面的积极性不是很高，创业课程也逐渐变成了走形式。

我国大学生创业中心的师资主要由辅导员和个别的专业教师组成。以无锡市为例，无锡市的高校创业师资要开设创业课程，必须先要在市高训中心参加统一的创业师资课程培训，这些培训课程有统一的教学计划，统一的创业模拟软件，因此理论知识结构和来源比较单一。当然虽然现在各级各类创业比赛比较多，但是综观全局，它们的形式和内容基本上是大同小异，没有充分尊重学生的个性，还是属于模拟的创业实践训练，离真实的创业活动还是非常遥远的。

因此，使创业教育具备针对性、系统性，不能仅仅将创业教育纳入"大学生职业规划""大学生就业指导"的范畴，还必须培养大量的专业师资，建设创业教育的整套课程理论及实践体系。同时，可以考虑结合目前大家比较关注的大学生挑战杯、发明杯、各类各级创新创业创意大赛，从中将优秀指导教师选拔为学校的创业师资主体，各类大赛评委作为创业师资补充，构建结构完善、特点鲜明的师资队伍。

3. 创业教育的形式方面

美国大学的创业教育是开放式的，是融院校、社区、企业于一体，具体形式主要有三种：一是院校开展通识教育。二是智囊团。主要由创业成功的企业家、企业的高层、社会精英所组成，他们定期收集创业的前沿信息、典型案例，整理创业的咨询报告，为美国高校的创业教育积极出谋划策。三是大学创业中心。构建专业一体化创业教育体系，要提高学生的创业能力，仅仅靠课堂教育是不够的，应坚持以课堂教学为主渠道，提升学生创业的认知水平和能力；以多形式活动为主战场，提升学生的创业实操能力。

4. 创业教育的绩效评价

北美院校关于创业教育的绩效评价是建立在面向国际、国家、家长、学生、企业主多方面的需求上的，尤其是家长与企业主，大多支持学生进入创业队伍。国内高等院校创业教育以教育主管部门推动为主，其中政府在高校创业教育中起着主导作用，尤其是 2015 年以来，政府大力推动创新与创业，在各个层面上进行教育发动，在政策、资金等方面倾斜与支持。

为进一步挖掘高校创业教育的潜力，建立良好的创业教育环境，需要建立一套包含对高校创业教育制度建设、创业课程体系设计、创业实践基地建设、创业师资培养等各方面的综合创业教育评价体系，努力构建政校企三位一体的良性互动创业教育生态培育体系，有助于创业教育的持续发展。国内建立了四维创业教育的绩效评价体系，但在实施与操作层面还没有积累，与创业教育相关的各因子对创业成功的关联度还无法充分描述，期待专家进一步开展理论研究与实践。

（三）小结

创业教育的认可程度得到提升。我国创业教育 1997 年在清华大学创业计划大赛上被首次提出，其逐渐发展形成了课堂式、实践式和综合式三种创业教育模式。如今高校创业教育对大学生创业活动的影响越来越深远，我国各大高校都将创新创业教育融入了教育教学人才培养体系当中，开设了创新创业教育课程，全面推进我国高校创业教育的一体化进程。

目前，我国各大高校都比较愿意运用传统的课堂式创业教育，因为这种创业教育是以传统的课堂讲授形式为基础演变而来，教师在讲解知识的过程中不需要改进过多的内容，只需要按照传统的教学方式来讲解就可以。也就是说，在传统的创业教育中，主要是以创业知识及技能为主。近几年，大部分高校的专业课教师在创业教育的方法上呈现出了多元化的教育趋势，这些创业教育方法有效提高了学生的创业选择能力以及创业意识，全面提升了学生今后的岗位适应能力。

第四章
我国创业教育存在的问题及成因分析

从目前的情况来说，我国创业教育仍然存在不少问题。在分析问题之前，有必要从高校创业教育本身这一概念来进行大面上的观察。这一概念相对来说比较新，对于一个新概念，其直接面临的问题将是观念方面的，即在特定社会环境下对这一概念的理解和接受问题。而后，因为概念的兴起，其对于中国高校的就业和社会整体的发展也有着很好的推动作用，因此，社会和外界的客观条件（包括制度性的、物质性的和政策性的）对这一概念的发展和平稳运行都会存在影响。从这点出发，结合现有文献和我国目前的一些问题。笔者认为，可从这些角度对我国创业教育存在的问题进行梳理和分析，而后在此基础上对其成因进行进一步的分析，并可尝试给出一些初步的建议。在进行条分缕析之前，我们也将对这些问题存在的逻辑进行分析，即为什么会存在这些问题，这些问题的一个共有的逻辑起点在哪里。

一、问题的起点：创业教育的逻辑

从逻辑上来说，高校创业教育实际上就是创业教育在高校中的落脚点和起步点，旨在培养具有开拓性思维和能力的人才的实现轨迹和路径。其中，高校创业教育的本质要求有两点，其一在于教育，其二在于创造力的培养，故而，能分析这一过程的前提就将是也必然会是对创业教育在高校实施和开展时的出发点和落脚点的问题。从这两点本质来说，高校在开展创业教育时，一是必须按照"教育"的本质要求，在思想上厘清创业教育的逻辑顺序，否则就会本末倒置，降低创业教育的实践成效；二是必须按照"创造力"的培养目标，思考这一过程中存在的易陷入的逻辑陷阱，从而在下一步对这些逻辑陷阱具体化出现的问题来进行现实角度的思考和分析，并进一步对解决这些问题提出可行的方案。

（一）"现实的人"：高校创业教育的逻辑起点

从高校创业教育的本质来说，既然其本质之一是教育，那么一个离不开的问题就是教育的对象，而这一问题也直接关系到教育的成效如何。显然，高校创业教育的对象是有志于从事自主创业的大学生，而这一群体不是抽象化的存在，而是各方面因素"整合"起来、以一种具体的形象呈现在我们的面前的现实整体。这主要体现为三个方面：其一，他们是各种内外部因素交互作用或影响的结果，是自然人与社会人的综合体；其二，他们是一定品质、知识、能力等素质的综合体，他们的发展是其个人综合素质的全面提高；其三，他们的任何行为都是其个人作为活动主体，在具体的特定的实践情境中全身心地投入，做出判断、选择与践行的过程。因此，创业教育的逻辑起点，就应当是将重点放在同这一群体有关的问题和相关课程设计上。

因此，从这一点出发，我们在思考和践行创业教育时所需要避免的第一个逻辑陷阱就是创业教育的课程设置、培养目标出现"见物不见人"的情况，避免仅仅注重于创业教育的产出和结果，如创业教育可以缓解大学生就业问题、促进经济增长和社会和谐等，而忽视这种产出和结果正是创业教育活动中接受这一教育的现实的人所造成的。这种逻辑上的倒置在高校创业教育实践中的危害往往是急功近利办创业教育，把创业教育办成商业教育、企业家培训班，把创业教育看成是培养"大学生老板、企业家"，仅仅以大学生毕业后从事创业人数的多少作为衡量高校创业教育成效的标准，而忽视的恰恰是高校社会存在的第一要务，那就是对人的培养。为此，高校在思考和践行创业教育时，就应该以创业教育的本质为基点，以"现实的人"也就是围绕着如何促进大学生的开拓性素质培养作为开展创业教育的逻辑起点。要做到这一点，首先要做的就是，站在"如何促进人的发展"这一起点上，以人为本，研究大学生这一高校创业教育的教育对象，力争对他们作为一种"现实的人"的本质属性有一个完整的认知。如要了解大学生已拥有的社会资源条件、家庭背景、现有知识水平、能力水平、所具有的个性，洞察他们的发展需求等。在此基础上，高校创业教育的开展才能有的放矢，也能有所作为。

（二）"发展的人"：高校创业教育的逻辑终点

既然是从"现实的人"开始，那么高校创业教育也必然应当有一个对应的逻辑终点，即高校创业教育最终的培养目标是什么样的人。对这一问题的解答应当从创业教育的培养目的和对社会发展的促进作用出发，创业教育实质上是培养了接受教育对象的自主创新能力和社会责任感，因此创业教育的逻辑终点（至少是在高校教育过程中的逻辑终点），就应当是培养出一个具有不断进取、不断自我发展和完善的人。

在这一目标之下，高校创业教育培养具有创新能力和思维的这一本质要求，就不再应当被视为是为了"创新性素质"而培养"创新性素质"，这也是在审视高校创业教育这一理念时所应当避免的第二个逻辑陷阱。从对高校创业教育的本质理解来看，在这一过程中培养出的这些素质能否促进大学生现在以及未来的发展，就成为衡量高校创业教育成效的一个重要方面。也就是说，衡量高校创业教育的成效，就是看高校能不能通过自己的教育，把大学生由"现实的人"转化成为有发展潜力的人，即"发展的人"。基于高校创业教育的本质，大学生这种"发展的人"主要体现在以下几个方面：

1. 生存与发展相统一的"发展的人"

个人的生存是发展的前提、基础和推动力，没有基本的生存保证，个人的发展也就无从谈起。但是人只有不断发展，才能更好地生存。所以，生存与发展是个人生命活动不可分割的两个方面，生存是发展的生存，而发展是生存的历史延续和超越。因此，从这个意义上讲，个人发展的根本要义是创造最适宜自身生存的环境和条件，从而不断提高自身的生存质量。对高校创业教育来说，就是不能好高骛远，把目光紧盯在"培养大学生老板、企业家"身上，而是要面向全体大学生，首要的是培养他们在激烈的市场环境和强竞争力的社会中有自谋职业、自食其力的生存能力，在此基础上培养他们谋取进一步发展所需的素质。从而使他们有资本不断提高自身的生存质量。

2. "适应"基础上的"发展的人"

"现实的人"要想获取发展，就要考虑社会现实条件并受到其一定程度的制约。一方面，创业教育强调所培养的人才要适应时代的发展潮流以及当时社会发展的形势。创业教育发挥功能的过程，正是高校保持开放，随着社会条件、局势的变化相应地调整内容和方式的过程。对大学生来说，则是不断自我更新、改造，以适应社会需要和发展的过程，也是不断提升自身社会适应性的过程。创业教育要求大学生在规划自己的发展道路时，结合自身条件，并善于整合自己所能利用上的一切人、物、钱、时间、信息等资源，主动迎合社会发展的需要，在"适应"中创造价值，实现自己的人生理想。另一方面，创业教育绝不是教育学生被动地、单纯地适应社会，而是教育学生能够在适应社会的同时，把握主动，面向未来地"发展"。就是培养学生在已有发展的基础上不满足于现状，不墨守成规，敢为人先，勇于为先，勇于进取的创造意识、精神和能力。换言之，高校培养的人才，不仅要满足个人的现实性生活需要和社会的需要，而且更要有不断满足"明天的需要"的潜力，只有这样，才是符合高校创业教育的本质要求的。

3. 推动着社会整体发展的"发展的人"

个人的发展是首要的、基础性的，是一切发展的基础，可以促进社会的发展。对高校创业教育来说，大学生作为"现实的人"，一定要有其自身的发展，其个人的发展需求也必须予以确认并得到关照。这是因为，大学生的个人发展需求满足了，社会才能有发展的根基。但在近几年我国高校创业教育的实践过程中，理应坚持"创业教育满足社会发展的现实需要和促进人的发展"两者之间的辩证统一，但在实践中却常演变成了"社会发展需要包括人的发展需要，人的发展需要要服从于社会发展需要"。这显然是对马克思主义关于人的全面发展学说的一种误读。为此，高校创业教育要立足于大学生个人的发展需要，而个人发展需要的满足则又可成为满足社会需要、推动社会进步的源泉。人的本性在于渴求发展，发展需求是人的一种本质要求。

我国高校在开展创业教育时过多地适应社会政治和经济的需要，人的发展的实现也过多地依赖于特定机构的"认证"。这种做法不仅违背了高校创业教育的本质，也最终与人才培养的规律与现实社会的要求格格不入。为此，高校创业教育必须以其所能具有的手段和方式，创设一定的外部环境条件，培养大学生未来开拓事业所需的素质，使他们最终成为一个有发展潜力的"发展的人"，而这又恰是目前个人生存发展、社会经济结构调整和知识经济时代所迫切需要的。

（三）"开拓性素质培养"：高校创业教育的逻辑中继点

高校创业教育要实现将一个"现实的人"培养成"发展的人"，从而体现高校创业教育的本质和责任，就必须在思想上为其运行逻辑的起点与终点之间明确一个"中继"点，这个点就是高校创业教育对个体创新能力和思维的培养。而这也正好印证了，在国外的创业教育的起源之初，对于创业思维和创业意愿的重视。

作为起点与终点之间的连给点，中继点应当能很好地承接起点的要求，并且为终点的实现打好基础。从高校创业教育的本质和目标以及其起点和终点来看，要想将一个"现实的人"培养成"发展的人"，就必须要为这个主体培养起意愿、能力以及责任感，故而这个连给起点与终点的逻辑中继点就是不断培养学生现在或未来开拓事业所需的素质，即开拓性素质。只有高校所培养的人才具备了这一素质，才能促使他们不断由"现实的人"向"发展的人"转变。很明显，开拓性素质的培养不能自发地在高校创业教育的运行逻辑链条中生成，而必须形成并脱胎于高校整个创业教育培养体系中并细化为具体的实施框架，并且要在这一基础上准确地针对个体的所需来加以培养。故而，这一中继点实质上可以从意识、现实、环境三个视角，具体分为四个互相连接、层层递进的子过程，即意识培养、理论教导、实训模拟和政策辅助。这四个环节相互连接、相互促进，形成相辅相成的合力结构，共同聚焦于创业教育的逻辑节点——创新性素质的培养。

1. 意识培养环节

该环节应是高校实施创业教育的首要环节。在高校创业教育实践中，第一步也是最重要的一步，是成功地识别并激发出大学生的创业意识，以及在此基础上形成的创业所需的另外一些品质（如社会责任感、坚毅的个人品质等），而创业意识的形成反过来又可以促使大学生主动接受创业信息，主动学习创业知识，参加创业实践，将这一实际上很辛苦的过程变为乐在其中的过程，使大学生不再被动地接受教育，从而大大降低了创业之后在遇到困难时主观上放弃的可能性。从这个角度来看，创业意识是创业行动的一个必要的前提，它支配着创业者对创业活动的态度和行为，是从事创业活动的强大内驱动力。在高校创业教育中，良好的创业意识能激发大学生的主观能动性，而大学生具有了主观能动性，则能更好地发掘其自身的创造潜力。意识培养可通过课堂教学、校园网站、校园广播电视、宣传材料印发或张贴、企业人士创业演讲、创业学专家专题讲座等方式，广泛宣传国内、国外的创业概况和创业教育的开展状况，宣传国家及当地的创业政策，宣传中外一些企业家的成功创业经历，等等，以营造出开展创业教育所需要的情感与舆论的氛围，从而达到拓宽大学生眼界、激发大学生创业愿望与热情的目的。

2. 理论教导环节

继激发了大学生的创业意识之后，下一步着手的就应当是培养他们的创业能力和创业创新思维。这一过程虽然在结果上更侧重于实际的训练，但在此之前，应当从理论的角度对其进行教育，丰富其理论知识体系，为之后的实践锻炼打好基础。因此，理论知识教导既是创业教育的重要一步，也是高校开展创业教育的根本立足点。一个人的知识越多，知识面越广，结构越合理，创造力也就越大。在高校创业教育实践中，理论知识的教导可以丰富大学生的头脑，激发大学生的创业意识，培养大学生的创业精神，同时也是形成大学生创业能力的一个重要基础，而这些创业品质、能力的形成反过来又可以促使大学生主动学习更多的创业知识并通过实践验证自己所学的知识。在高校，要体现知识传授这一基础性环节，就需要把有关创业方面的知识纳入学校整个课程体系中，具体来说就是纳入学校人才培养的教育教学体系中，在课堂、校园里解释、分析这些知识，在校外进行实践锻炼，并根据每个学生的特征，尽可能做到有选择性的、能体现学生个性化需求的课程知识传授，如创业基础类知识、创业实践类知识等，以达到大学生能从创业的"自在的冲动"迁移到"自主的需求"，为其以后的创业行动做好必要的知识储备。

3. 实践模拟环节

该环节是高校创业教育中的关键性环节，是学校创造条件让大学生把所感、所想、所听、所见、所学运用于实践，让大学生在实际的锻炼中激发创业愿望，增长知识，提高能力，为此，高校应从两方面努力：一方面要加大跟当地政府、社区以及企事业单位的联系，争取它们能为大学生的创业实训模拟提供更多的机会和条件；另一方面也要整合自身资源，搭建各种类别的实地操作平台供大学生去选择、操作、验证、消化、提高。这样，大学生的创业意识、创业知识才能在创业实践行动中得到融合，在此基础上，我们还应检验大学生的创业愿望、创业能力与创业效果的一致性，从而锤炼大学生未来创业所需的开拓型素质。

4. 政策辅助环节

该环节是高校创业教育其他各个环节的"黏合剂"，是学校利用自身的行政资源，对学校已有的教育教学能量进行有效配置，通过政策的引导、激励、规范、评价等功能以期达到创业教育效用最大化的一系列活动过程。高校一方面要统筹安排,使创业教育的各项活动都纳入学校的人才培养计划之中;另一方面也要通过一些特别的政策措施,促进创业教育加快走向正轨,如目前一些高校所采取的将大学生的毕业实习和毕业论文选题与创业教育结合起来,引导学生基于自身的专业知识背景去寻找创业途径和机会就是一个不错的选择。此外,高校还要加强与当地政府、社区以及企事业单位的联系,要积极争取并善于利用外部的政策环境。"如上海市人民政府启动的上海市大学生科技创业基金、上海市人力资源和社会保障局推出的扶持大学生创新创业的若干政策、共青团上海市委员会开展的中国青年创业国际计划等",这些政策和措施都可以为上海市内高校在开展创业教育时所把握利用。

要想理解并做好高校创业教育,就应当先从其自身的逻辑角度出发,将其理解为一个完整而自洽的逻辑过程,一个有着起点、中继点和终点的逻辑过程。在这一过程中,三个重要的地方都会存在一定的逻辑陷阱,而对这些逻辑陷阱的理解偏差都有可能具体化为现实中形态各异的各种问题,从而也就可能导致了最终结果的千差万别。因此,要较全面、准确地分析我国高校创业教育中可能存在的问题,就应当从这些逻辑陷阱出发,充分理解现实问题背后的逻辑基础,从而更好地解决这些问题,达到通过培养创新创业人才来实现社会全面、健康且可持续发展的目的。

二、我国创业教育目前存在的问题

从上述分析中我们可以看出,创业教育中所存在的问题的实质其实是这一逻辑过程中的各种陷阱,因而本节将基于可能的陷阱,对这些问题进行进一步的分析和梳理,为下一步的成因分析找到解决方法,提供基础性的前置工作。

（一）高校创业教育的观念问题

针对高校创业教育中可能存在的陷阱，其中第一个将面对的是意识层面上的陷阱，即观念问题。目前，对我国高校创业教育的理解观念相对落后，这主要表现在学校管理层面及师生层面。在学校管理层方面上，对创业教育的重视程度不够。部分高校管理层在制定学校长远发展规划中未能将创业教育摆在战略发展的核心地位，而将其视为就业教育的一种途径或方式，是缓解毕业生就业压力的权宜之计，对创业教育仅仅停留在就业教育、参与创业计划大赛的层面上，把创业教育与就业教育混为一谈。部分重视创业教育的高校，却存在"急于求成"的浮躁心理，仅把创业人数、成效作为衡量标尺，忽略了学生创业综合素质的积淀。不少人对创业教育的认知还存在一定的误区。部分师生尚不能正确看待创业教育，不能将其与创新教育和素质教育进行结合，他们认为只要学好专业知识就能找到好的工作，无须开展创业教育。还有部分学生认为创业教育是一种精英教育，认为只有创新能力强、冒险精神强、有一定经济基础的才能进行创业，其他专业学生无须接受创业教育。

这一问题的存在，实质上相当于创新创业教育理念在我国高校中存在一定程度上的缺失。创新创业教育在我国起步较晚，现阶段尚处于探索、摸索和起步阶段，并没有被社会和高校完全认同和接受；人们对创新创业教育的必要性、重要性和紧迫性的理性认识尚未形成；对于一个以公有制为主体的国家而言，作为创业初期形式的个体中小企业蓬勃发展还有很长的路要走；加之中国长期以来"学而优则仕"的观念深入人心，稳定仍是大多数大学生和家长追求的目标，整个社会的创新创业意识淡漠，氛围不浓厚；现阶段高校的创新创业教育更多的价值取向还是解决目前的大学生就业困难，并没有把它当作一种长期的培养优秀人才的行为，导致创新创业教育内涵和价值的缺失；有的高校仅仅把创新创业教育等同于创业计划大赛等简单的形式，过分注重了比赛成绩的追求，是功利性的创新创业教育理念；还有的人认为创新创业教育旨在培养经理人而非具有事业心和开拓精神的创业者，导致创业活动停留在了利润与财富创造的功利性层面上，并没有上升到开创事业的理性层面上。现阶段我国的创新创业教育理念没有深入人心，创业教育作为大学生应有的"第三本教育证书"的理念还没有被多数学生、教师、学校管理部门所接受。

（二）高校创业教育的课程问题

继观念问题之后，第二个陷阱将在现实中具体化为如何培养创新创业人才的问题，目前，高校创业课程体系建设乏力，由于国家尚未将创业教育纳入学科专业目录，导致高校创业教育没有与学科专业教育相结合。由于缺乏学科基础，再加上高校在人才培养模式等方面的脱节，导致部分高校创业教育课程不能形成合理的体系。与此同时，试点高校与非试点高校创业课程设置"良莠不齐"，目前尚有多数院校未能构建创业课程体系。多数高校缺乏对创业教育研究内容和内在规律的了解，在课程设置上仅停留在以"第二课堂"开展的创业指导和创业计划大赛的指导。在部分有创业教育课程体系的高校中，也缺乏创业教育课程的针对性，忽略了不同专业学生的不同优势和特点，而采取相同的教学内容与培养方式，从而影响了教学效果，成为其向前发展的"瓶颈"。

具体而言，这一问题又具有以下一些更细微的问题：

1. 创新创业教育与人才培养体系之间存在脱节

我国当前的创新创业教育大多是课外活动、讲座形式的业余教育活动，主要停留于操作层面和技能层面，并没有融入传统的人才方案培养体系中，实施过程中基本与学科专业教育脱节。黑龙江大学原校长衣俊卿认为：首先，这种认识和实践把创新与创造平庸化为单纯的技巧与操作，从根本上忽略了创新和创业能力的深层次基础；其次，这种局限于操作和技能层面的创新创业教育暗含了一种狭隘认识，也就是无须从根本上对现有的专业教育和课程体系进行改革，只需添加创造学的知识和创业的技能，就可以实现相应的目标；最后，这种认识和实践会把中国的高等教育引向歧途，最终会导致中华民族的创造力与创新能力的枯竭。衣俊卿教授强调，人的创造性、创新和创业能力并不能像具体的技能和技巧那样传授，它必须通过科学知识和人文知识所内含的文化精神的熏陶才能潜移默化生成，创业教育应深深地依赖于专业教育，所以改革现有教育体制和教学内容势在必行。由此可见，创业教育事关高校教育教学系统改革，应该渗透到教学的各个环节，涉及人才培养模式和学生管理体制的改革。

2. 创新创业教育学科边缘化，课程体系不完善

在我国高校，创新创业教育并不是主流教育体系的组成部分，它或是包含于经济学科，或者是企业管理学科，并没有明确的专业定位。由于学科地位边缘化，大学生创业教育被很多人当成是企业家速成教育，就是培养或大或小的"学生老板"，诸如此类"揠苗助长"式的创新创业教育根本不能满足当今经济社会飞速发展对高素质人才的需求。同时，高校的创新创业课程是零碎的，缺乏作为一门学科的严谨性和系统性。大多没有独立系统的创业课程群，只是属于"职业规划""就业指导"之类的系列讲座，而且就连讲座也没有固定的安排与系统的规划。

3. 创新创业教育范围较窄

我国高校创新创业教育和活动仅使一小部分学生受益，没有大的教育氛围，有较强的精英色彩，大部分学生只能当看客。大学创新创业教育不应只是针对少数有创办企业潜质学生的技能性教育，而是面向所有学生的综合性教育，可以为所有学生终身可持续发展奠定坚实的基础。

（三）高校创业教育的师资问题

高校创业教育师资队伍不完善，具体表现在以下三个方面：第一，高校缺乏专业的创业师资。目前学校多为经济学科或管理学科专业教师、思想政治辅导员、就业部门辅导老师等组成创业教师团队。全国经过创业相关领域系统、专业培训的教师仅有千余人远远不能满足创业教学发展的需求。第二，现有的师资在创新性方面表现乏力，缺乏创业所需的意识与精神。大部分创业教师依然采用"传习式""填鸭式"教学方式，片面强调

理论传授，对实践训练重视程度不够，不利于学生创新思维塑造。更有大部分教师对创业缺乏正确的定位与必要的激情，影响了学生对其正确的认知与热衷程度。第三，创业师资缺乏创业实践经验，仅停留在理论讲授阶段。由于创业师资团队一直处于高校的环境中，基本上没有一线创业实践的经历，也缺少深入创业一线实习的锻炼，从而导致在创业教育过程中仅有单纯的理论知识传授。

教育师资是创新创业教育课程教学的关键所在。大学生创新创业教育涉及知识较多，综合性和实践性都很强，它的课程以行动为导向，实际经验引导的体验多于传统概念规则的讲授，所以教师应当兼具较高的理论知识和丰富的创业管理经验；同时对教师的教学方法也提出了新的要求。目前开展创新创业教育的高校，教师大多缺乏企业管理和创业的经验，有的只是接受了短期的培训，讲课内容重在理论分析，无法真正培养学生的创业意识和能力。当前，我国创新创业教育的师资力量主要来自学生"就业工作"的行政部门和"商业教育"的教学部门，或者是高校辅导员。有的高校聘任了一些成功的企业家与创业者担任兼职教师，但是在组织协调、资金支持和制度保障方面存在严重不足，加之聘请的部分企业家、创业者缺乏实际的教学经验，因此教学效果难以达到要求。

在创新创业教育中，创业实践是其高级层次，也是提高创新创业教育实效的基本途径，能全面提升创业者的综合素质。多数高校资金投入的不足和实践基地的缺乏与薄弱导致教学实践环节基本属于走马观花式的参观活动，阻碍了学生对创业实践的了解与接触。再加上教学方式的陈旧，填鸭式、灌输式的教学办法阻碍了学生创造力的发挥和探索求新的激情。

（四）高校创业教育的环境问题

在由起点走到终点的这一过程中，除了负有教育直接责任的高校之外，环境支持也是这一逻辑过程中不容忽视且容易存在陷阱之处。广义上来说，任何事物的成长都离不开必要的环境滋养，创业教育同样如此，甚至在某些方面上对环境支持的要求更高。一方面，高校营造出浓厚的创业环境是开展创业活动的保障和激发大学生创业兴趣、创业意向的前提条件和重要影响因素；另一方面，政策所给出的现实条件上的支持则更是影响到这一教育项目能否取得良好效果的重要因素。然而，目前我国高校在这两方面都尚未做到完善，有很大的提升空间。

从高校内的创业环境构建方面来看，学校的培养目标、办学理念、文化氛围均不能体现创业的主旋律，更缺少了支持其快速发展的政策和制度。再加上在校园创业文化宣传上力度不够，从而导致高校仅有循规蹈矩、潜心学问的风气，未营造出积极向上、勇于创新、敢去冒险的文化精神，不能有效地激发广大师生的创业热情和意识。

从社会创业文化看，由于传统文化影响的根深蒂固，社会未能形成良好的大学生创业文化氛围。近年来，政府部门虽然对高校创业教育的重视逐年提升，也制定了相关激励大学生创业的政策，但对资金等方面支持力度不够，尚未形成完善、系统的政策支持体系。企业是高校推动创业教育的重要力量，它不仅能为高校创业教育的开展提供实践平台，还能为高校创业教育提供资金支持。然而目前企业与高校之间的联系有待加强，尚未形成优势互补、相互促进的良性循环。大学生接受创业教育、开展创业实践也会受到家庭的影响，家庭对大学生创业支持与否影响大学生能否走上创业之路。根据调查显示，有创业经历的家庭对大学生创业起到更加积极影响。目前更多家庭对创业教育认识不够，不鼓励大学生进行创业有关活动。总之，从高校内部环境到社会外部环境，都未能营造出鼓励大学生创业的浓厚氛围，这就需要高校、政府、企业等社会各界力量形成合力，为创业教育的发展营造浓郁的氛围。这一问题，又可细化为下述的两个具体的小问题。

1. 创新创业教育环境有待改善，资本市场支持不力

当前中国的创新创业环境评价不高，虽然社会开始在宣传创新创业的理念，但是引导力度不够；高校中宣扬大学生吃苦耐劳的精神较多，而勇于承担风险、开拓创新的氛围远远没有形成；高校管理者和教师对创业者的宽容、尊重和支持不够；风险投资在国内发展虽然很快，但针对学生创

业的投资几乎为零。大学生创新创业可利用的外来资本较少。

2. 政策支持的执行力度不够

面对国际竞争的日益加剧、时代发展的要求和日益严峻的大学生就业形势，中国政府制定了许多政策支持鼓励各高校积极开展创新创业教育，同时大力主张鼓励大学生突破就业"瓶颈"，实行自主创业，对高校毕业生自主创业者制定了众多的优惠政策。但是鉴于高昂的创新创业教育成本，政府很难给予高校大量有效的创新创业教育资金支持。许多利于大学生自主创业的相关政策还缺少具体实施方案，如政府政策要求银行加大对大学生创业者的投资力度和利率优惠，但是并没有详细规定银行应如何放贷，放贷利率多大等细节问题，各银行业不愿意放款给初创业者，因而实际上大学生创业者面临众多的门槛，很难从银行贷款。

三、我国创业教育目前存在问题的成因分析

在从创业教育自身的逻辑过程角度对我国创业教育目前存在的问题进行了梳理之后，我们发现，这些问题的解决之道也可以从创业教育的逻辑过程的角度进行分析。解决之道是否能有效，同样也取决于在这些解决方法之间的逻辑联系、同创业教育自身逻辑特征的联系度，故而，在对这些问题给出解决之道之前，需要再一次从创业教育的逻辑过程出发，对其成因进行分析和总结梳理。

（一）理念层面

1. 对创业教育的重视程度不够

"创业教育"的概念最先是由欧美国家提出的，我国学者关注和引进这一概念的时间比较短，并且在这一概念提出之后，仅仅停留在喊口号阶

段，对它的理论研究和实践探索几乎是一片空白。这种状况一直到 20 世纪 90 年代末期才略有改变，此时国内的一些知名大学开始试探性地对高校创业教育进行理论和实证方面的研究。随后，国家不断出台鼓励高校创业教育的一系列政策，很多高校也陆陆续续开设了创业教育课程，但是不管是从纵向上，还是从横向上考察，我国对高校创业教育的重视程度以及开展程度都是远远不够的。首先，从纵向上看，截至目前，不包括港澳台地区，我国有将近 2000 所高校，开设创业教育的高校也只有 1000 所左右；其次，从横向上看，即使开设了创业教育课程，其开设方式也是五花八门，其中不乏蜻蜓点水式的培训课开设形式、选修课开设形式等，课时量也是少得可怜。虽然我国教育部于 2008 年明确提出了要将创业教育作为必修课开设，但是实际上很多高校截至目前还没有做到这一点。反观现实，再与欧美一些发达国家相比，我们的重视程度确实还远远不够，如美国加州大学开设了 24 门和创业教育相关的课程，哈佛商学院将本校的必修课《一般管理学》量身定做，打造为《创新精神管理学》的必修课程。此外，诸如斯坦福大学、麻省理工学院、芝加哥大学等一些高等学府也都因地制宜地制定出一系列的措施来推动高校创业教育的研究和发展。与此相比，我国高校创业教育的研究还停留在起步的状态。

2. 对创业教育的认知存在偏差

（1）当前整体对创业教育的认知问题。联合国教科文组织指出："创业教育，从广义上来说是指培养具有开创性的人，它对于拿薪水的人同样重要，因为用人机构或个人除了要求受雇者在事业上有所成就外，正越来越重视受雇者的首创冒险精神，创业和独立工作能力以及技术、社交、管理技能。"可见，创业教育的实质是开发和提高学生创业素质的教育，是一种培养学生事业心、进取心、开拓精神，从事某项事业、企业、商业规划活动的教育，其重心并非对创业知识和创业技能的传授。

还有很多学者认为，创业教育应面向少数精英学生，以培养未来的企业家作为教育目标，即从"创业"一词的狭义内涵"创建新企业"出发来理解创业教育，这就造成了在何种范围、何种程度上，以何种形式实施创业教育的争论。诚然，理论上的争鸣有利于明确目标，但与此同时，也在一定程度上制约着创业教育的推进。例如，目前各高校的创业教育主要局限于创办创业园，以各种方式指导学生自主设计、创办、经营商业企业或科技公司，从事商务活动、技术发明、成果转让、技术服务等，毫无疑问，这是最典型的创业教育与创业实践，但是，它并不是可以在大学生当中普及的创业实践，由于资金、条件、专业的局限，这种意义上的创业教育和创业实践往往把大多数学生排斥在外。设计、创办、经营和管理一个企业或公司无疑是创业和创业教育的重要形式和内容之一，但远远不能涵盖创业教育的全部内容和深刻内涵。笔者认为，我们实施创业教育不仅仅是为了培养企业家，从更深远的意义上讲是要培养学生学会主动获取新知、创造新知，并通过有效地配置自身的各种资源，将知识转化成现实的个人和社会价值，最终实现知识的最大效用。高校创业教育的重点应该是培养学生积极主动把握机会的心理品质和整合资源、学以致用的技能，并通过改变学生的传统就业乃至生存意识来影响和带动其周围的人，这是知识经济社会对当代大学生乃至全体公民提出的要求，即人人应具有创业意识，努力培养创业素质，但这并不等同于人人都要做企业家，人人都能做企业家。有学者认为，我们之所以会对"创业教育"一词的内涵和培养目标存有较大的认识差异，在某种程度上与我们对"Entrepreneurship Education"的翻译有关，如果按其本意被译为"事业心、开拓精神教育"或是"企业家精神教育"而不是"创业教育"的话，人们可能就不会倾向于按字面含义将其理解为创业知识或技能教育了，笔者对此看法比较认同。

人们对"创业教育"概念的认知仅仅停留在字面表层含义上。大多数人还仅仅传统地认为创业教育就是教给人们怎么去创办企业。因此，基于这种认识，在大学校园里，很多大学生认为，自己没有要创办企业的想法，那么也就没有必要接受这样的教育，即使是被迫接受，也是应付式。其实不仅是许多大学生有这样的想法，许多没有接触过创业教育的高校教师甚至也是这样的想法，因此，他们普遍认为这类课程只针对有创业想法的大学生开设即可，这是在认知偏差方面对创业教育的误解。通过前文的阐述，我们可以得知，高校创业教育更注重的是对大学生创新精神的培养，以及综合素质的培养，它的内容是很广泛的，而不仅仅是创业知识的传授。

（2）保守观念的不良影响。中国是一个拥有 5000 年悠久历史的文明古国，在其长达五千年的历史发展过程中，既产生了精华的思想，也有一些糟粕的思想，这些思想都在通过各方面、各种教育潜移默化地影响着当代人们的思想。例如，传统儒家思想中，有一些思想是教育人们要墨守成规、循规蹈矩，遵循社会现有规定，三从四德、君王统治臣民顺服等思想，这些思想使国民养成了一贯服从、接受、不习惯运用自己的思想去创新的性格，害怕"枪打出头鸟"，即使有某些创新思维，也很少有行动。因此，在这种保守观念的影响下，即使作为当代大学生，也会或多或少受这种传统观念的影响，他们在择业甚至在最初选择大学专业的时候，就抱着"求稳"的心态，没有想过自己更适合做什么，没有为自己做过职业生涯规划，只抱着一种求所谓"稳定"工作的心态，缺乏"创新"精神。

中国自古以来就是一个农业大国，这种国情状况决定了"重农抑商"思想在我国民众的思维中根深蒂固。在古代，商人的地位是很低的，"士农工商"，商人被排在最后一位，因此，在古代，但凡有其他出路，很少有人愿意去从商。"士"作为行当之首最受人追捧，士也就是做官。这种思想直到今天还影响着很大一部分人，每年的公务员考试和事业编制考试，报考人数节节攀升，竞争的激烈程度都是有目共睹。"学而优则仕"，使很多优秀的大学毕业生，选择报考公务员这条道路，并且抱着考不上公务员绝不罢休的态度，付出多年的时间和精力。在报考公务员的大军中，有很多学生都是受到家人的思想的影响。他们认为，自己的孩子上大学就是为了找一份稳定的工作，尤其是如果能够进入政府部门，就是光耀门楣的事情，如果上了大学还要自己创业，那么就没有上大学的必要了。这种传统思想的影响，使大学生从认知上对创业教育产生了不重视的态度，并导致了大学生身上缺乏"创新""创业"意识和精神，只是一味求书本知识、考试技巧，而忽略自身能力的加强。

3. 创业教育缺少良好文化环境的支持

（1）创业教育缺少良好校园文化环境的支持。校园文化环境是由在学校工作和学习的全体人员的活动构成的，是其在校园中进行教育、学习及管理等过程中形成的活动方式和活动的结果，此种方式和结果不断传承、发展，以具有属地及其人文特色的特质形式与精神面貌影响师生的发展。校园文化有着潜移默化的教育作用，特别是对在 18~19 岁年龄的青年人更加重要，对他们的思维方式、行为方式等都有着不可估量的影响。在不同的大学中生活过的兄弟或姐妹，可以更明显地感到各自学校给他们的烙印。创新创业教育的校园文化氛围对学生的影响力不容小觑，特别是在我国的大学中，很多刚进校的学生对自己的将来并没有很明确的认知与计划，若对所选择的专业不满意，就更加不知努力方向，导致学习动力能量不足。创新创业教育的开拓性、前瞻性等对学生的吸引力是较为重要的，配合职业的辅导及资金、制度等相关支持，对学生投入到创业实践之中才会有一定的吸引力。但在实际的校园中，专业的师资及制度建设均不能满足相关的需要。

（2）创业教育缺乏良好社会文化环境的支持。高校创业教育的发展，不仅仅需要良好校园文化环境的支持，它同样对良好社会文化环境有很大的需求。社会文化环境，是指人们在某种特定的社会生活中，随着时间的积累所形成的特定的文化，包括一些世代相传的习惯、风俗，生活态度，对待一些事物的看法、观念，世界观、价值观等，社会文化环境是影响人们思想和行为的重要因素，不同国家、不同民族之间的社会文化环境是截然不同的，随之也就产生了人们不同的思维方式和行为习惯。一个敢于拼搏、不断创新、充满蓬勃朝气的民族或国家，对于创业教育也会产生积极的影响。就目前而言，我们中华民族普遍缺少这种敢于冒险、不断追求创新的社会文化环境，例如传统文化对人们思想的消极影响，家庭和社会对创业的支持度的欠缺等各方面的综合作用给高校创业教育的开展制造了一定的障碍。创业教育必须和实践密切、高度结合，才可能达到最终的教育目标。实践的开展，需要社会的支持。就目前而言，虽然我国政府出台了一系列支持创业的政策，但是在实际开展中，却缺少实质性的支持。例如，国家鼓励高校开展创业教育，并和实践结合。与实践的结合，需要实训基地的建立，或校企合作的模式建立，但在这方面却没有资金支持或一些其他实质性的帮扶政策，这也是造成高校创业教育师资匮乏的重要原因。此外，大学生开展创业活动，需要多方面的手续，需要创业资金，对于刚走出校门的大学生，这些都成为他们创业路上的障碍。国家虽然在大学生创业方面出台了一些优惠政策，例如免息贷款、减免税收等，但是在实际执行中，由于各地政策不同，且办理程序烦琐，能真正享受到这些优惠的大学生少之又少。目前，国家也没有形成一套系统完善的针对大学生创业的政策或法规，这就使大学生在创业过程中，面临强大的竞争压力，导致其中道退缩，最后以失败告终。

（二）人才培育层面

1. 创业教育资源存在的问题

（1）师资力量严重不足。我国高校讲授创业教育相关课程的教师，一般都是讲授就业指导的教师，而这些教授就业指导课的教师，还有很大一部分是学校的兼职教师，他们一般出自思政老师、经济学老师或者学生管理老师的队伍中，他们分别有自己的"主业"，而教授创业教育只是他们的一项"副业"，那么可想而知，他们已把大部分的教学精力放到了自己的"主业"上，而放在创业教育上的精力就有限了，所以，目前我国高校创业教育的师资情况与现实需要有较大差距。众所周知，创业教育从概念和内涵上就对实践性提出了很高的要求，这也就要求开设创业教育课程的教师必须有很强的实践经验，但是教授创业教育的教师中具有创办企业、开创事业实战经验的却是微乎其微，有的教师甚至一辈子都在从事教书工作，没有走出过大学校门，在教授学生创业教育的过程中，只能照本宣科、纸上谈兵，使创业教育缺乏了说服力，很难让学生认可。

课程的成熟有赖于学界成熟的研究，除了要有大量的研究成果，大量的学术作品，一定数量的创业期刊外，特别要形成一支数量充足、教学与实践经验丰富的专家队伍。例如哈佛大学，仅专业从事创业学研究的教授就有十几位，而全美创业领域的首席教授就有 200 多人，而我国这方面的现状与之相比还有很大差距。从创业实践经验来看，国外教授创业教育的教师大多有创业或投资的经历，熟悉企业的运营。在我国，由于传统教育体制下对教师创业实践要求不高，使多数教师是学术专家出身，普遍缺乏创业经历和实践能力。目前，我国从事创业教育的师资中真正具有丰富实际经验的还是凤毛麟角，其教学内容和模式也就难以脱离以理论传授为主，与创业实践的有效融合较难实现。

此外，创业教育教师从数量上来看，也与实际需求缺口较大。原因有三：一是高校创业教育课程绝大多数还是以选修课程的形式出现，课时自然很少，而目前很多高校教师的奖金分配与课时挂钩，并且高校尚未形成针对创业教育教师的较为客观理想的考评机制，这是影响创业教育师资质量提高与数量增长的主要原因。二是目前的创业教育教材多为引进的国外教材，与我国现实国情有所脱节，可借鉴的经验不多，前面已经谈到。三是创业教育课程时代性强、实践性强，跨学科特征明显，授课的难度很大，因此选择承担创业教育教学对多数教师还是一种挑战。

（2）创业教育教材不规范。随着高校创业教育的不断推广，很多大学都已经开始将创业教育带入大学课堂。但国家并未出版统一的关于创业教育的教材。有的高校创业教育课程虽开设了，但根本就没有专门的教材，有的依托在《大学生就业指导》的其中一个章节中，有的只依附于授课教师的教案。不仅如此，这些教材当中还不乏一些水平低下的内容，存在严重的抄袭、拼凑现象，教学内容更新不及时，缺少时效性，难以符合社会的发展和学生的求知需求。

第一，直接将国外尤其是美国的创业学教材移植而来，未经任何结合我国自身情况的修正和补充，甚至直接将国外的创业思维和模式不经与我国实际的对照而直接照搬。实际上，我国的创业学与西方的创业学相比存在着明显差别。首先，西方创业学是建立在经济水平高、创业资金雄厚、融资渠道通畅的基础之上的，适合并倾向于指导具有一定社会竞争实力、技术竞争实力、资金竞争实力的人进行创业；而我国的创业学则必须立足于我国经济还不够发达这一基本国情的基础上。我国目前还存在多数研究生、大学生创业资金匮乏、融资渠道不畅的现实。其次，西方的创业学就其内容而言，主要是为了满足具有一定规模和实力的企业或集团培养内部创业及外部拓展创业的高级人才的需要，以寻求企业和个人进一步发展的学科，因此，这类教材不适合用来指导大学生创业。

第二，将一些零散的创业活动实践稍加整理而成创业学教材。这类教材虽然有一部分在内容上不乏精彩与实用，但多属就事论事，缺乏科学的理论分析和归纳，没有揭示出创业行为中存在的普遍规律，致使对创业者缺乏普遍的指导意义。

第三，将与创业相关的几门独立学科机械地组合在一起，拼凑成"创业学系"，或简单地将与创业相关的一些独立学科教材的内容，如企业管理、市场营销、法学基础以及相关案例等简单拼接而成，进行拼凑而成为"创业学教材"。这样的教材虽然力求体现多学科相互交叉、相互渗透，但在整体上缺乏系统性。创业教育教材固然需要跨学科和综合化，但其应当是相关学科的充分融合并有其自身的系统性。因此，目前教材体系建设还比较滞后。

2. 创业教育的教学方式存在缺陷

（1）与专业教育完全脱节。高校创业教育开展的根本目的在于培养具有创新性的、全面发展的高素质人才，因此，创业教育的开展必须和学生的专业学习紧密结合起来。但在实际的教育教学开展过程中，专业课就是专业课，创业教育课就是创业教育课，两者各自独立，没有任何结合，这就造成了专业课和创业教育课的脱节，创业教育也就成为仅仅为了创业而进行的教育，这就背离了这种教育的初衷。

（2）缺少与实践的结合。创业本身就是一个动作性词语，创业教育也就要求和实践高度结合，但是在我国高校开展的创业教育，除少数学校注重创业实训基地的建立，并把创业教育和实训结合起来之外，大部分开设创业教育的高校，只是以课堂教授、学生听讲的形式开展，缺少与实践的结合，这样的创业教育既不能激起学生的学习热情，也使创业教育的目的无法达到良好效果。

3. 创业教育理论与课程体系建设滞后

当前创业教育主要局限于操作层面和技能层面，从而导致创业教育与专业教育和基础知识学习脱节，似乎创业只是某种技能或技巧的掌握而已。即使在创业教育中增加理论学习的内容，也往往是同专业学习没有直接关系而成为独立设置的一门课，其着眼点是创业的技巧和技能。局限于操作层面的创业教育实践容易忽略创新能力和创业能力的深层基础，进而影响对学生创造力和创新能力的培养，导致把创新与创造平庸化为单纯的技巧与操作。同时，这种局限在操作层面的创业教育还暗含着一种认识：似乎高校并不需要从根本上改革现有的专业教育和课程体系，只是增加点创造学的知识和创业的技能，就可以实现素质教育的目标，这是一种简单化、表面化的看法。必须时刻清醒地认识到：人的创造性、创新能力和创业能力不能像具体技能和技巧那样教授和传授，它必须通过现代科学知识和人文知识所内含的文化精神的熏陶，才能潜移默化地生成。因此创业教育不但不排斥知识教育和专业教育，而且必须更深地依赖知识教育和专业教育，而关键的问题是如何改革现有的教学内容和教育体制。正是因为创业教育涉及教学的系统改革，所以创业教育不是开设几门课就能解决的问题，而是要渗透到教学的各个环节，进而涉及学生培养模式的改革问题。

（三）环境辅助问题

在对创业教育的逻辑过程的分析中已经说明，包括政策环境、社会环境以及高校环境在内的环境因素对于创业教育是存在影响的，而目前我国所具有的实际环境，也同样反映了这方面存在的一些缺陷。

1. 我国高校教育管理体制对创业教育产生了一定的制约

我国高校的发展和国家的政策息息相关，高校许多新政策的执行和活动的开展都是在国家下发的相关文件指导下开展的，高校的发展需要国家的支持，这可以说是我国高校的特色发展模式。在创业教育方面也是，通过前文的研究我们可以发现，我国高校创业教育的起源和发展，一直都是在国家相关政策的出台和鼓励下一步步发展起来的。这些政策在高校的实施产生了两方面的影响，首先，在一定程度上，它们的出台推动了创业教育的发展，但反过来在一定程度和层面上也制约着创业教育的发展。近几年，国家虽然在创业教育方面，对高校慢慢实行放手政策，鼓励高校自主进行创业教育，不限形式和方式，但是高校在这一层面上已经形成了依赖性，过度依赖国家政策，这就造成高校创业教育形成了"国家动我就动，国家不动我也不动"这样一种惰性发展模式。

2. 创业教育与现有教学体系存在矛盾

我国高校目前的创业教育，尚没有融合于学校育人的整个体系之中，与学科专业教育尚未形成有机联系，而较多是在正规教育之外开展的业余教育。这一舍本逐末的做法，使创业教育失去了学科专业这一最有力的依靠，致使创业学子们激情有余而内功不足。

高校现有的教学体系已存在几年之久，虽然教学内容不断增加，但分隔的多于融会的，在我国高校中，路径依赖性较强，分科教学为主的趋势，恐怕还将持续较长的时间。创业教育的综合性与分解教学的矛盾也将持续一段时间。

四、相应对策探讨

通过对我国高校创业教育存在的问题和问题成因的分析不难看出，我国高校创业教育的发展可谓是任重道远。在经济快速发展的今天，不管作为政府、社会、学校还是个人，都必须转变思想，重视创业教育，并不断加以引导，以推动创业教育发展。"高等学校要树立新的人才观，明确高等学校是人才培养基地，要以满足社会需求作为发展动力，通过人才培养，提高毕业生创业的水平，增强高校的竞争力和综合实力"。

创业教育的教学重点是培养学生的创新能力，其最终目标是要培养出全面发展的综合型高素质人才。那么，如何促进我国高校创业教育的发展，笔者认为可以从以下几个方面来进行探讨和研究：

（一）理念层面

1. 转变社会传统就业思想，树立创业教育新思想

由于受中国传统思想的影响，高校毕业生在择业方向上，一般会倾向公务员、国有企业等"稳定"型工作。在计划经济时代，国家对大学毕业生实行"包分配"制度，随着市场经济代替计划经济，"包分配"制度成为历史。但是，这种就业意识却对人们产生了深刻的影响，尤其是来自大学生家庭的影响，家长普遍希望自己的孩子大学毕业后找所谓稳定工作，而不要选择风险创业。但是随着市场经济的发展，大学生就业形势不容乐观，"包分配"和"稳定工作"的思想已经不再适应时代发展之需。为了从根本上转变这种就业理念，必须要重新树立起一种全新的就业理念。转变所谓"求稳"思想。我国5000年的传统文化对国人的影响太大，但是国人对待传统文化应该持一种理性态度，我们应该做到吸收其精华，去其糟粕。把循规蹈矩、墨守成规的思想抛去，使敢于冒险、敢于创新的精神成为我们中华民族的思想主流。转变自古以来的"官本位"思想，鼓励大学生多渠道就业，改变那种"挤破头"都要进入公务员、事业单位才是"正道"的思想观念。大学生是朝气蓬勃、敢于拼搏、敢于尝试新事物的青年一代，高校要把创业教育新思想贯穿于整个教育过程中，我们要培养的人才是具有创新性和创造力的人才，而不是要培养只会啃书本和应对考试的墨守成规的读死书的人。

2. 转变高校传统教育理念，树立创业教育新理念

大学生是祖国的希望和未来，作为培养大学生的高校，应该始终把培养高素质人才、为祖国不断输送新鲜血液作为自己的第一任务。传统的教育观念已不适应快速发展的社会，高校必须和时代的发展、社会的需求紧

密结合，及时根据社会发展转变教育理念，做到与时俱进。创业教育是应时代召唤而起的一种新兴教育模式，它的内涵极其丰富，其最终教育目的是为了培养具有创新和创业意识、适应社会发展的大学生。我国高校传统的教育是专业知识教育、技术水平教育，后来为适应社会发展，增加了单纯的就业指导教育。在这种教育模式下，学生往往把专业知识的增加和技术水平的提升作为自己的第一任务，再学习一些所谓就业技巧，在此过程中，最容易忽略自身创造力的培养，那么自身综合素质的提高也就无从谈起。显然，这样的教育方式已不再适应当今的数字信息化时代之需。高校应该把创业教育提到一定的高度，通过此项教育提高学生的创新力和创造力，进而提高学生的综合素质。高校应该从各个层面、以各种方式，从根本上激发起学生的创业意识、创业激情，而不再仅仅从表面上追求学生的就业率。

3. 改变个人认知偏差，树立创业教育新观念

我国高校创业教育之所以一直以来得不到应有的重视，对其认知上有偏差也是重要原因之一。尽管"创业教育"概念引入中国已经经过很长的一段时间，但因为国家和学术界对这方面关注的缺失，导致至今人们对这一概念的理解还是仅仅停留在字面上，停留在狭义的理解上。人们普遍认为"创业教育"，仅仅在介绍创业方面的客观知识。所以很多大学生觉得自己以后不会走上创业这条道路，也就没有必要接受这样的教育。关于创业教育概念认识的偏差不仅仅存留在学生方面，很多高校的教师也因为研究和认识的偏差无法将创业教育摆到一个合适的位置。要想改变这种局面，高校一定要从创业教育的概念着手对教师及学生进行全面的培训和讲解。高校创业教育从根本上来讲是为了培养大学生创新和创业意识，进而提高学生的创新能力。另外要通过多种形式在高校中普及创业教育内涵，才能使大家重视创业教育。

4. 激发学生自主创业的兴趣和意愿

参与式大学生创业教育的培养体系就是指通过让大学生参与项目的方式，激发学生的创业意识、培养学生的创业能力、丰富学生的创业知识、

促进学生的创业交流并提高学生的综合素质。项目可以是各类课题、竞赛、实践等多种模式和途径。创业教育要从传授知识为主的教授方式，改变为以思想碰撞为主的互动式教学方式，这样可以避免传统教育模式带来的同质性弊端，从而培养出创新型、创业型的人才（蒂蒙斯，2006）。

坚持全面发展与充分发展相统一，自觉遵循人才成长规律、教育教学规律和市场经济规律，通过深化教育教学改革，大力实施创业教育，营造学校浓郁的创新创业文化氛围，激发学生的创业热情和主动参与创业的兴趣，进一步增强学生的创业意识。

充分发挥创业计划竞赛牵引作用，以赛促学。坚持课堂教育与课外教育相结合，学校教育与社会教育相结合，理论教育与实践教育相结合，将创业教育与专业教育、创新教育、素质教育相融合，强化创业知识培训。以举办创业计划大赛、职业生涯规划大赛、项目策划大赛、ERP模拟沙盘大赛等为龙头，将学校的综合素质教育、学生工程训练、有关竞赛活动整合起来，鼓励学生自主地开展一系列与就业创业有关的活动。不定期邀请成功创业者走进校园，与学生直接进行交流，激发学生创业热情。积极发挥学生社团的作用，成立大学生创新创业研究会与创新创业实践中心，加大对大学生创新创业专项基金的扶持力度，构建大学生创新创业的大舞台。

（二）教育培养层面

创业教育的根本是教育，核心是创业，关键是创新，载体是项目。突出创业教育学院、创业基地的带动辐射作用，鼓励参与在学校扶持和保护下的创业体验与社会实践，体验创业过程；引导学生参与科技创新与创业项目，善于通过一系列具体的科技创新与创业项目，提升从事创新创业的基本素养、基本技艺与基本能力。鼓励学生大量参与社会实践活动，在实践中学习、感受、体验、转化和成长。培养适应21世纪发展需要的具有较高学习能力、创新能力、实践能力、沟通能力和社会适应能力的创新创业复合型人才。

1. 建设一支高素质的高校创业教育教师队伍

高校创业教育的成功开展，需要高素质教师的有力推进。如前所述，高校创业教育作为一个全新而又非常重要的教育体系，其教师队伍的建设不仅是从数量上还是从质量上都还远远不够。基于此，笔者提出几点解决之策。

（1）鼓励教师加强创业教育方面的科研。科研是一个高校的立足之本，各个高校都在鼓励本校教师大力进行科学研究，而且还要进行奖励，奖励形式也是越来越趋于多样化。但创业教育方面的科研成果相对于专业科研成果，奖励却是少之又少。造成这种局面的原因有很多，其中最为重要的是各个高校对创业教育的认识程度和关注程度以及重视程度不够，此外，作为开展创业教育的关键主体——教师，他们对创业教育的认识偏差也导致创业教育的科研很难在大学充分开展。我们国家本身在创业教育方面的理论研究有所欠缺，高校创业教育的理论研究要想上一个台阶，就离不开高校教师的参与。因此，高校应该从各种角度和机制方面鼓励并要求教师开展创业教育理论及实证的研究，并要求教师能够及时地将个人的研究成果用到实际的教学中，进而慢慢进入"教研相长"的过程。不断充实创业教育的理论和实证，这样做一方面使理论研究能够得到及时反馈，另一方面也能改善教学质量，这种良好的机制的形成自然而然地就会促进创业教育的研究和发展。

（2）提升创业教育教师的综合素质。创业教育从根本上来讲就是为了培养学生的创新和创造的能力，作为传道授业的高校教师应该做到言传身教。创业教育在教育过程中涉及诸如社会学、经济学、心理学、教育学等多方面知识，同时，教师也应该具备一定的创新和创业精神。因此，高校中一名合格的教授学生创业教育的教师，虽不要求对以上方面都做到绝对精通，但最起码应该做到对相应的知识有一个全面的把握，这样在教学过程中才有一定的掌控力。这几个方面能力的增强，并不是一朝一夕就可以做到的，教师自身需要有意识地加强自己的学习能力，不断充实自己，同时，学校环境的支持和鼓励也不可或缺。作为一名教师，更应该做到"活到老学到老"，不断扩大自己的知识面，提高自己的综合素质，才能在教学过程中有一定的说服力，为学生做出典范。

（3）鼓励教师体验创业实践活动。如前所述，创业教育师资匮乏，教育过程乏味，不生动，缺乏说服力，其中一个重要原因是教师本身缺少社会实践经验，有些教师从未走出过大学校门，自己本身就是一个纯理论研究者，却要教授学生实践性很强的课程。要改变这种现象，必须让老师融入社会、了解社会，最好自己亲自有创业体验。那么让教师去创业又不太现实，怎样才能实现让教师亲自体验创业的过程呢？在这方面，我们可以借鉴欧美一些发达国家的经验，例如通过模拟创业，让教师在一段时间内，或在一个特定的活动中，亲自参与到创业的各个过程当中，如创业资金的筹集、手续的办理、在创业过程中模拟会遇到的一些困难与风险，让参与者亲自解决。体验者在这一系列的亲身体会过程中，会加深对创业的了解。那么反过来在教师进行创业教育课程讲授时，就可以将自我的感受和经验分享给自己的学生。

（4）聘请社会上创业成功人士来校讲学。高校教师的身份决定了他们本身是缺少创业经验的，即使如前所述，可以让教师通过模拟方式体验创业，但这毕竟和真实的创业还是有一定差距的。那么，学校可以聘请社会上一些成功创业者，尤其是大学毕业生创业者，或者优秀企业家、经济管理专家等作为学校的兼职教师，来讲授创业教育，相信一定会取得不错的效果。或者本校教师承担创业教育的理论教学部分，外聘人员承担实践部分，这样，一方面可以节省培训本校教师的精力、财力和时间；另一方面也能有效提高高校创业教育水平。这些企业家通过讲自己的亲身经历，讲创业精神、创业过程，更贴近生活与现实，学生听起来也会觉得真实、生动活泼、有吸引力，能更大地激发他们的创业意识。

（5）在高校创业教育中融入思想政治教育。把思想政治教育以一种潜移默化的方式融入高校创业教育之中，既是对思想政治教育的一个理念突破，也是强化对创业教育尤其是强化对其理念认识的一种助力。作为这一方法的基础的高校思想政治教育，其广泛的涵盖范围为这一做法提供了广衰的实验基础。一是理想信念教育。中华民族作为希望的民族，要想不断奋力前行，要有坚定的理想信念做导引，理想信念是思想政治教育的灵魂之所在。帮助大学生树立正确的世界观、人生观和价值观，使他们始终坚持崇高的理想信念，有明确的奋斗目标，并最终成为社会的栋梁之材。在此教育过程中，可以结合引导大学生珍惜时光、努力学习知识的同时，激发、引导其创业意愿和方向，培养其把自己掌握的知识用在为人民服务、为祖国发展做贡献上，教育大学生通过各种社会实践锻炼品质、磨炼意志、塑造人格，为之后的创业提供更持久的支撑。二是爱国主义教育。习近平总书记曾指出："中国梦是我们的，更是你们青年一代的。中华民族伟大复兴终将在广大青年的接力奋斗中变为现实。"祖国的繁荣昌盛靠的是青年一代坚定爱国信念，奋斗有为，百折不挠地为实现中华民族伟大复兴而努力奋斗。为此，在高校中进行爱国主义教育的同时，也可以从这方面教导有志于创业的大学生，将自主创业创新有助于国家发展、民族复兴的理念传授给他们，一方面可谓为思想政治教育的应有之义增添新的内容，也能强化、深刻大学生的爱国理念，另一方面更能激发其创业热情，培养其坚韧不拔的品质。三是道德规范教育。具备良好的道德修养和道德情操是成为一个合格公民的必备素质，也是作为创业者所应当具有的品质。创业不仅是个人的事，同时也是对社会整体具有深刻影响意义的事，因此可将创业教育同这方面的思政教育相结合，培养其社会责任感，培养大学生把个人良好的道德修养和道德情操放在显要的位置，强化其创业的道德意识。

同时，还需要从我国高校现行的教育模式入手，从有利于创业教育培养的角度对教育模式进行改进。目前，我国高校普遍的模式是教学工作由教务处负责，学生管理工作由学工处负责，教务处和学工处权责分明又相辅相成，缺一不可。学生的专业文化知识主要由专业课老师传授，学生的思想政治工作主要由思想政治辅导员和学院书记去做，思想品德修养课老师承担思政教学任务。创业教育作为一门系统的课程开展，一般归属所谓的公共课，纳入就业指导课程体系中。高校思想政治教育是在马克思主义理论的指导下展开的，其包含非常丰富的内容，具体包括心理学、教育学、伦理学、社会学、法律学等。高校学生管理工作者是高校思想政治教育的真正执行者，他们应该有将创业教育课程融合到思想教育中的认识。然而，就目前而言，高校学生管理工作者，往往为一些事务性工作所缠身，而忽略了本身的工作意义，有舍本逐末之嫌。例如，多数学生管理工作者将大部分的时间和精力投注在学生的评优、评先、评助、评奖工作以及学生宿舍卫生的管理等琐碎的工作中，而真正关系到学生未来发展的教育，如创业教育等的重视有所欠缺。

鉴于此，学生管理工作者，应该真正的履行作为思想政治教育的引领者的责任，把关系到学生未来发展的创业教育提到日常工作中来。创业没有坦途，创业者在创业的过程中会遇到各种困难与挫折，这就要求创业者比寻常人具备更多的耐力、精力、意志力。准备创业的大学生，要坚持信念，不畏困难，始终坚持创业激情，不断激发自己的创新思维，并最终将自己的创新思维运用于创业实践，提升个人，造福社会。"一个人无比强烈的主体意识和创造热情，源于这个人对事业的执着追求，对祖国、对人民、对生活的极度热爱"。高校思想政治教育中，培养学生科学的三观、爱国热情、健康的心理品质等，能为创业品质的培养打下坚实的思想基础。

2. 加强配套教材的支持力度

若想提升高校创业教育的水平和层次，仅仅拥有一支高素质、高能力的教师队伍还是远远不够的，还要有与之相匹配的一套完善的硬件系统的支持。可是现如今在我国开设创业教育课程的各高校里，使用的教材各种各样，开展方式也各种各样。因此，不乏出现一些水平不高的教材。学生学习过程中，大多都依托教材，这就需要各高校重视这方面的问题。首先，我国应该正式出版关于高校创业教育的统编教材，教材内容应该与现实中国的发展和社会需求紧密结合。各个高校也可以根据自己学校的特点，编写相应的内容，使其符合本校学生特点和发展方向。在教材中，应同时注重创业知识和创业精神两方面的内容，而不应只偏重一方面，因为两者同样重要。

在信息化快速发展的今天，电子教学软件已慢慢成为高校开展教育活动的重要辅助手段之一。创业教育活动的开展，也离不开电子教学软件的辅助。毕竟创业教育具有实践性的特性，要求学生在依托课本和教师讲授之外，能够切身地感受到创业的过程，如果让学生实际去参与创业不现实，而电子教学软件的出现就可以很好地解决这个问题。现在，很多开展创业教育的高校，都在配套使用一些可以使学生身临其境参与创业的电子软件。在这样的软件中，学生可以模拟创业者身份，体会创业过程。类似于此的软件的开发，既可以活跃课堂气氛，也能够激发学生的学习热情，同时也可以增加学生的实感体验，进而能更好地提高教学效果。因此，国家应鼓励这类软件的设计和使用，高校也应利用自己的优势，融入本校特色，编写相应软件，以促进自己的教学水平的提高。

3. 优化高校创业教育教学模式

（1）加强创业教育与专业教育的结合。当前，许多高校将创业教育课程完全独立于专业教育课程之外，两者彼此独立，没有任何连接。"如果没有专业教育的强有力支撑，创业教育形同虚设，变为空中楼阁。高校实施创业教育要以专业教育为依托，以创业为导向，指导大学生发挥专业优势，创办专业性的'高门槛'的生意"。因此，创业教育的开展，要把和专业教育结合作为一项任务来抓，才能达到良好的教学效果。高校创业教育是针对全学校所有专业的学生，他们来自不同专业、不同系别，有文科、工科、理科、艺术类等，他们这些学生在知识层面、思维方式方法、个性特点、思想行为方式等方面存在很大差异。因而，高校在开设创业教育的课程时应该考虑到专业的差异，并将专业作为一种依据，开展不同特色的创业教育。鼓励和指导学生在专业学习时融入创新思维，不墨守成规，敢于有新的想法和行动。同时，鼓励他们关注专业性创业信息和创业基本信息，如法律法规、市场环境、阶段发展情况、行业准入制度等，时刻留意创业机会，一旦机会出现，就能结合自己的创业相关知识，进行创业实践。

（2）转变只针对少数人的创业教育教学模式。创业教育最初开展是在高校中进行的，但是这种课开设的对象只是针对少部分学生。这部分学生或者是学习成绩优秀，或者是有明确的创业意向，当时，高校创业教育工作者也认为创业教育没有必要向全体学生开放，只针对一部分优秀学生或有此方面需求的学生即可。最初创业教育的开展是继创业大赛之后而进行的对参赛学生的集中培训和指导。可见，我国高校的创业教育在从开始到发展，有着浓烈的精英化模式的味道。然而，随着社会经济的迅猛发展，社会对高素质人才也是极度渴求，国家开始发出号召，鼓励高校创业教育面向所有学生开展。首先，高校教育工作者和学生对创业教育都要有一个明晰统一的认识。其次，高校要建设出完善的创业教育师资体系。这两者相辅相成，改进的过程也并非易事，因此，虽然我国教育部明确规定从2008年开始全国高校要针对所有学生开设创业教育必修课，但许多高校至今还没有做到这一点。仍然是针对小众群体或者精英化的教育模式，如选修课开展模式、针对毕业在即的大学生的集中培训模式等。

这种教育模式极大地挫伤了大部分学生的主动积极性，经调查发现，我国高校70%的大学生有这种想法，那就是通过创业教育来提高自己的综合素质，25%的大学生想法明确，那就是迫切希望通过创业教育为今后创业奠定基础。因此，我国高校创业教育理应克服种种障碍，实现面向所有学生的教育模式。当然，在普及实施的过程中，还应注意个体差异性，针对不同学生的不同需求，制订不同的教学方案，不应为了普及而普及，以至于失去它应有的教育意义。

4. 提供切合实际的培育模式

（1）课程保障，丰富学生的创业知识。建立和完善创业教育课程体系，满足学生多样化的创业需求。把创业教育纳入本科教育体系，开设创业学、大学生职业生涯规划等必修课以及管理、财务、法律、税务等选修课，强化学生创业知识培训。组织专业教师到企业挂职锻炼和考察学习，着力培养教师的创业性思维，逐步把创业教育融入专业教育过程中。聘任社会知名企业领导人、人力资源管理专家、财务负责人等为兼职创业导师，逐步建立专兼结合的创业师资队伍。

（2）渗透融合，培养学生的创业能力。将创新创业教育渗透到项目参与的全过程和每一个环节，在融合中突出创新创业教育的导向，在渗透中体现创新创业教育的要求，使学生明白创新创业的道理，增强学生的事业心、进取心和开拓精神、冒险精神，形成创新创业的品格。培养创新创业的高素质复合型人才，要求他们具有高尚的人格品质和宽广的胸怀；有自信、有魄力，能够在复杂多变的环境条件下清醒理智地做出判断；有诚信、守规范，能够在浮躁和利益面前保持气定神闲的领袖风范；有理想、有抱负，能够在点滴积累的基础上保持旺盛的向上精神。

（3）实践锻炼，提高学生的综合素质。创建孵化基地，建设大学生创业园，积极引导、扶持大学生进行创业实践。由学校创建科技成果孵化基地，建设大学生创业园，通过基地与园区的建设积极引导、扶持大学生进行创业实践。这样的创业实践活动，在具体操作上既可以是学校鼓励同学参加学校的科技创新研究，在学校创业基金的支持下，将科技创新成果与学生的创业理念相结合，将科技创新项目进行成果转化，增强创业项目的核心竞争力；也可以是在学校扶持下，成立学生自主运行的公司，把相对简单的创业项目当成创业实践训练课，这种依附状态的创业实践模式，降低学生创业的风险，学生通过做业务代理或承担独立业务，依靠学校与企业间的诚信关系，运用自己的市场调查、推销和项目策划能力，为自己的创业实践积累经验并历练创业技能。

（三）环境扶持层面

从创业教育的实质来看，虽然环境的辅助并不内生地从属于这一理念，但好的环境扶持却能使创业教育得以更好地发展，也能更好地避免可能出现的问题和逻辑陷阱。针对当前存在的环境扶持方面的问题，应当提出怎样的改进措施？这应当结合创业教育的目的和实现目的的过程来进行探讨。在创业教育的目的角度上，创业教育是要培养出一个合格的创业型人才，那么怎样算是好？这一教育过程是否能实现这一目的？其效果如何？从这几个问题出发，就需要首先引入一定的教育评价体系，以及一定的能激发教职人员积极性的激励体系。此外，政府的支持对于创业教育的发展也同样必不可少，旨在对社会发展提供良性影响的创业教育，目前还处于发展的初步阶段，许多方面都需要政策支持和引导，如果离开了政策支持，其发展历程必然艰辛无比，其所能取得的效果也必然大打折扣。因而，在环境扶持层面上，就应当从以下几方面着手来提供帮助：

1. 优化创业教育评价体系和激励体系

高校创业教育的开展除了意在提高大学生创新和创业能力外，还要鼓励大学生自主创业，从而减轻就业压力，从更深的层面上促进我国经济的发展。因此，为了使创业教育在高校中持续、稳定、有效地开展，必须建立起一套科学的评价和激励体系。

（1）优化创业教育评价体系。科学完善的教学评价体系，对教学水平的提升有着极大的助力作用。我国高校的一般课程的教育评价体系起步早，相对来说已经比较完善。但我们知道创业教育起步晚、针对面小、发展力不足，至今针对创业教育的课程评价体系当然也未得到很大的发展。创业教育的最终目标是培养学生主体的创新和创业精神，提高学生的综合素质。我们只有在明晰了教育目标的前提下，才能在建立科学有效的教学评价体系上做到有的放矢。

首先，针对创业教育本身，对教学水平的评价应分为两个方面来进行，一个是课堂教学，另一个是实践教学。课堂教学可以从课时安排、课程设置、课堂教学方法、课堂参与等方面进行评价；实践教学可以通过校内实训情况、校内实践活动、校外企业的实践效果等几个方面进行评价。

其次，创业教育不同于高校内其他的一些专业和必修的课程，创业教育的开展是为了培养学生的创新和创造的能力，不是为了应付考试的课程。因此，在学生成绩评价方面，要摒弃以学生的课堂出勤、学生的卷面成绩为评价标准的传统。有的高校把评价标准设定在学生学习期间参加了多少创业大赛、做了多少企业策划等方面，虽有一定成效，但这也只是一个没有实际意义的短期评价体系，而要想看出创业教育的教学效果和成效，需要一段时间的验证。通过跟踪学生在毕业几年后的就业情况、创业情况，看他们是否在社会实践过程中学有所用，是否坚持自己的创新思维和创业精神等。因此，科学完善的高校创业教育的评价体系的建立，是一项系统、复杂而长期的工程，需要高校在诸多方面加以努力。

（2）优化创业教育激励体系。高校创业教育的对象要面向所有学生，但在教育过程中，学生存在个体差异性，致使教学效果出现较大反差。有的学生可能会表现出积极的创业热情，并在创业方面有所建树；有的学生不习惯于独立思考，反应比较迟钝，不会产生多少创新思想。针对不同情况，要因材施教，不因达不到理想效果而打压、贬低学生。针对不理想情况，要多鼓励，并积极做出调整。

明确政府、社会、高等学校在教育评估中的地位与作用，以成立"教育部高等教育教学评估中心"为契机，分化政府职能，转变政府部门作为高校办学者的角色，将"三角式"的新型关系建立于政府、高等学校和社会三者之间，政府、高等学校和社会各自的质量保证定位是：政府主要通过加大宏观调控与监督力度进行外部保证，应当切实转变职能，转移工作重点，建立一个公平、透明、合理、公正和权威的高等教育质量评估、认可机制上来，并通过任命部分评审机构决策人员，立法、奖惩、拨款和指导独立评审机构决策等手段，主要领导和影响评估进程。范富格特这样描述高等教育质量的国家监督模式：在一个按照国家监督模式的质量评估系统中，政府应该避免试图完全驾驭高等院校的活动。

高校创业教育不仅仅是其自身的行为，而且是全社会的行为。在学校内部，应建立相应机制，激励学生创业，为有创业意向的学生提供宽松的环境和更广阔的创业平台；设立专门基金，对一些有创意、能取得预期良好效果的创业行为给予资金上的扶持；邀请部分自己学校毕业的优秀创业者回学校分享个人创业经验和感受，也可以邀请创业教育有经验的老师开座谈等。

2. 营造良好的创业环境

高校创业教育的开展离不开国家政策的支持，国家可以相应地出台一些优惠政策，为激励大学生创业提供更好的社会环境。

（1）营造良好的校园创业文化环境。大学校园作为青年人的活动舞台，应该是充满蓬勃朝气、青春向上的氛围，大学生要敢于打破常规思维、不断推陈出新，培养自己的创新意识。但这种创新意识的培养需要良好的校园环境来支持。这种良好环境的营造离不开全体师生的共同努力，一方面要求教师具备创业的价值观念和教育理念，要实时更新自己的知识框架；另一方面要求学生要有敢于创新、勇于创业的精神。虽然在创业过程中有成功也有失败，但在创业过程中，人的心理品质和智慧、创新能力等都能得到极大的磨砺和提升，因此，良好的创业文化是社会经济发展和社会全面进步的积极推动力。"创新能力不是我们书本上能够看到的，关键要从实践中锻炼而来。高校要多开展一些实践活动，营造良好的校园环境氛围，把学生创业意识的培养贯穿于教育的各个环节中来"。高校校园创业文化环境的营造可以通过各种手段、各种形式。现有的高校里面已经在逐步摸索各种形式来积极鼓励、激发学生们的创新和创造的热情。例如，高校可以根据自己本校的特点，制定相应的政策鼓励对大学生创业精神的培养和创业实践的开展；积极组织规划一些具有专业性质的创业比赛；主动引导大学生成立创业类的组织和协会；邀请一些知名的学者或者是知名的创业先锋来学校进行讲座；创办创业教育网站；设立专门服务于大学生创业的工作室；开办创业教育论坛；吸引具有丰富创业理论和经验的教师进入创业教育的师资队伍中；加强创业孵化园基地建设等。从小处做起，可以通过学校宣传栏、校刊、影视等媒体中介，以"润物细无声"的方式做起传播创新思维、创业精神。高校还可以依据自身情况设立学生创业方面的专项基金，为大学生的创业行动提供物质方面的支持，相信这些举措的陆续实施会让创业的声音响遍校园。

（2）营造良好的社会创业文化环境。浓厚的全民创业风气，能使一个国家和民族的经济得到快速发展。与此同时，积极上进的社会创业文化环境也能够为创业教育的开展提供支持和帮助。我国长久以来受到一些传统观念和计划经济时代的政策影响，这种良好的创业文化氛围是缺乏的。高校创业教育需要发动学校、家庭乃至全社会的力量。改变我国大部分家长观念中一味"求稳"的思想观念，让他们理解高校创业教育的最终目标，并能逐步引导、支持自己的孩子去树立创新意识、创业精神。具体来说，社会创业文化环境可以涵盖创业的政策法规、舆论导向、价值观念、思想倾向等诸多方面。因此，营造良好的社会创业文化环境需要多方面、多角度着力。例如，在舆论导向方面，要多方面、多角度地开展创业宣传，在人民群众中广泛宣传创业典型事例，传授创业经验，教授创业技巧，普及创业基本常识，引导人们重视创业教育，了解高校开展创业教育的意义所在。在政策法规方面，国家根据社会的发展，及时制定并出台鼓励创业的政策法规，尤其对于大学生创业者，应给予特殊优惠。在思想倾向和价值观念方面，鼓励人们敢于创新、锐意进取，为实现建设创新型国家的伟大构想贡献自己的力量。各高校还可以积极地和外部的知名企业开展长期合作计划，为大学生提供体验创业的实践基地等。上述这些措施都能使社会创业文化环境得以有效改善。

（3）构建完善的政策、实际扶持环境。高校创业教育的开展，如果完善与社会相适应的创业体系建设，就能达到事半功倍的效果。我国高校创业教育的发展离不开国家政策的关注和支持。一次又一次创业教育高潮的掀起，都和国家相关政策的出台有着不可分割的关系。因此，我国高校创业教育要想取得长足进步，除了自身努力，还需要国家及政府的不断支持。

虽然国家和地方政府在鼓励大学生创业方面，出台了不少优惠政策。例如，北京户口大学毕业生有创业要求的，可凭本人有效营业执照申请贷款，贷款数额根据不同情况，分别从 5 万~50 万元不等。另外，上海、广东、辽宁等地也都制定了一些鼓励大学生自主创业的优惠措施。目前来看，这些政策基本上都是对大学生进行自主创业方面的一些启动资金帮助，而且相关手续比较烦琐，导致许多大学生在申请过程中遇到种种困难，最后享受不到相关优惠，为避免此种情况出现，国家应适当简化程序，使大学生能更直观、更便捷地享受到相应的优惠服务。而且，除了在必要的启动资金方面有所帮助外，国家也应提高其他方面的扶持力度。

除了政府的扶持，高校创业教育要想营造良好的社会文化环境，还需要加强和企业的联系与合作。创业教育是一门实践性很强的教育体系，它需要和实践高度结合，才能达到良好的教育效果。高校作为非营利性教育机构，如何更好地实现学生的创业实践需求，建立校内创业实训基地不失为一种很好的手段，但这需要投入很大的人力、财力、精力。那么，和企业建立稳定的联系与合作，是一条经济而又便捷的途径。学生学习了理论，可以到企业中进行实践，在实践过程中，学生对创业有了更直观的体验，汲取了经验，在以后自己的创业路上会少走弯路。同时，企业也可以分享大学生提供的理论，其中不乏一些创新性思路，可以说这条路径能达到学生和企业的"双赢"。

3. 构建外界评估机制作为补充

首先，健全评估主体，我国的高等教育评估机构是政府机构，由被评高校人员组成专家组。在法国，高等教育评估的主要机构的评估专家并非由被评高校人员组成，也不是政府机构。通常情况下，是以社会上的评价机构对高校进行评价的相关数据为依据来进行评估，使评估的过程有社会机构的参与。因此，我国应改良高等教育评估机构和评估方法，组织建立有威评、多元化、专职化的评估人员队伍。我们可以结合我国实际情况，借鉴美国高等教育评估机制的经验，从以下几个方面发展我国高等教育评估中介组织：

其一，考虑引入中介组织。在评估工作开始前，由政府部门、社会或高校委托中介组织进行评估，与委托方签订合同，明确说明评估中双方的责任与义务，然后通知被评估对象，高校在接受评估后，依照评估程序先进行自评，向评估中介递交自评报告及学校其他材料。评估中介组织的专家小组分析、审阅各高校的自评报告，提出可能存在的问题。然后，对高校进行现场考察，采用多种形式，通过多种方法掌握并了解有关情况，并与高校有关方面交换意见与看法，最后形成评估报告、建议和结论，呈送给委托方，由其最终确认。

其二，高等学校应充分发挥其作为内部保证的主体的主动性，自行控制其教育教学质量，并积极做出自我评价，不断调适高校内部的自我约束、自我发展的机制，建立学校与社会、市场三者之间的良性循环，形成完善的内部教育质量保证体系。社会应致力于调节学校和政府之间的矛盾，其建立建设的评估中介组织，应是一种相对独立的有一定的学术权威性、民间性的教育质量保证机构，在保证教育质量的同时，也要本着公正、客观、科学的原则进行教育教学评估，以促进教育的质量的不断提升。

推进高校创业教育不仅是时代的呼唤，更是社会发展的需要。创业型经济的发展、创新型国家的建设、高校教育教学改革的推动、大学生全面发展的实现都离不开创业教育。高校作为培养创新人才的中坚力量，应担负起创业型时代和创新型社会赋予的崇高使命，与时俱进、因地制宜地推进创业教育的发展。

要较好地分析我国创业教育实践过程中存在的问题，就应当从其本身的含义和逻辑角度出发，厘清创业教育实际具有的特征，而后在此基础上分析存在的问题，并将其与创业教育的逻辑本质联系起来，正确看待这些问题背后的实质，从而更准确地分析其成因和给出相应的对策。

其一，我国高校对创业教育重视不够，认识上也存在一定偏差。这既是因为高校创业教育这一理念在我国产生和发展相对较晚，在我国的高校、社会环境中普及程度相对较低，所以使当前我国普遍对这一概念的理解存在偏差，对这一教育模式的未来以及培养出的学生的工作前景存在担忧，而传统教育的观点依然占据主流，创业教育的理念仍有待普及创业教育的实效亦有待未来实际情况的证明。同时，我国高校创业教育方法有待完善。目前我国的高校创业教育在观念、课程、师资、环境基础等方面仍存在一定的问题，虽然目前创业教育处于不断成熟、发展模式不断完善、成功案例不断增加、研究成果不断丰富的阶段，但其实际上存在的问题也仍然不容忽视。故而，我国高校创业教育虽然已经度过了高校创业教育自主探索、自主研发教育模式的初步阶段，但目前已经发展到了一个"瓶颈"期，需要政府的教育相关部门和社会共同助力引导，在课程设置、师资完善、政策扶持等方面给予支持，并在事后引入完善的评价体系，结合政府、高校和社会三方面的力量，共同打造适合我国的创业教育体系。

其二，我国高校创业教育的发展应当做到结合实际、包容并蓄。本书通过对国外发展模式不同的高校创业教育经验进行总结，发现国内外高校创业教育发展历程、经验、特点虽不尽相同，但也存在相同的实质：以创业教育发展过程为基础，根据具体情况因地制宜采取对策，从而保证广大师生"观望—乐意—持续敢于—勇于"创业。在此基础上，根据如何营造浓厚的创业氛围感染学生从观望到愿意创业，如何引进丰富的创业资源吸引学生乐意创业，如何设置科学的创业课程指导学生敢于创业，如何完善优厚的创业政策支持学生持续创业等问题，提出了推动我国高校创业教育的路径。由此我们可以得出：高校在开展创业教育过程中，不仅要主动吸收、借鉴国外高校在开展创业教育中的成功经验，还要以学生"如何愿意创业、乐意创业、敢于创业、勇于创业"四个问题为导向，通过环境、课程、教育方式、师资等途径推动我国高校本科生创业教育的发展。

我国高校创业教育发展只是刚刚起步，它的发展还有很长的路要走。因此，仅仅靠创业教育在课堂上开展的方式，还不能使创业教育在高校的开展有更大的起色，应在时时处处注意创业教育氛围的建设；将创业教育融合到思想政治教育和引导过程中，充分激发学生的创新和创业激情。具体开展模式也是不拘一格，如高校思想政治辅导员可以利用开班会的形式，以创业教育为主题，使学生感受不同的教育方式，吸收更新鲜的创业教育知识；高校可以联系优秀校友，尤其是创业成功的优秀毕业生，来校讲座，感受更直观的创业经历；高校思想政治辅导员在与学生谈话过程中，根据学生不同个性，激发学生创新思维和创业意识，在潜移默化中进行创业教育。

第五章
国外高校创业教育对我国的启示

创业型大学是与传统"象牙塔"式大学相对应的全新办学模式，强调大学在社会经济发展中的作用。大学不仅要创造知识、转让技术，而且要直接参与或服务于创业活动；大学不仅要传授专业知识，而且要培养学生的创业能力。20世纪后期，以麻省理工学院和斯坦福大学等为典型代表的美国大学服务当地经济、促进自身大发展的实践，引发了大学创业型职能的又一次重大转变。反观美国高等学校创业教育的实践，我国高等教育发展可以从中获得诸多启示。

一、充分认识创业教育的时代价值

创业教育作为一种教育理念和教育模式，在欧美等发达国家已盛行多年，直到21世纪初，我国才将其视作新生事物予以接纳和尝试。遗憾的是，直至今日创业教育在我国仍然游走在"形势"与"形式"的边沿。说其迫于"形势"，有些学校领导者觉得高调倡导创业教育是一种趋势，逆势而行势必事倍功半，抑或成为千夫所指，故而被动开设创业教育课程，举办创业活动流于"形式"，大多数学校开设的创业教育课程都只是传授创办企业的知识，开展创业大赛，从形式上效仿美国创业教育，其实，以为开展创业大赛就是践行创业教育是对美国创业教育不折不扣的误读。

（一）创业教育是时代发展的需要

美国创业教育的产生距今已半个多世纪，但孕育其产生的背景与当今中国十分相似。眼下我国正处在"东部开放、中部振兴、西部大开发"的轰轰烈烈的发展时代，经济高速发展，人们通过努力获取财富的意识不断增强，国家政策向创业者倾斜，社会文化崇尚财富成功等。总之，目前的中国社会环境适宜创业的发展。另外，从世界层面看，这是一个充满不确定性和风险性的知识经济时代。知识经济时代中，知识成为社会财富分配的依据，知识的拥有者、控制者将打破传统的货币资本与实物资本的控制者对社会权利的垄断地位，成为新时代社会结构的核心和中坚力量。大学生作为知识型人才，掌握着先进科学技术知识以及不断学习的能力，在这样的经济形态下，理应成为这个时代的主宰者，而实现这一目标的重要途径就是自主创业。通过创业为他人创造就业机会，使社会财富得以增值，实现自己对更多财富的掌控，实现自我价值。

（二）创业教育是我国高等教育大众化的内在要求

根据国外学者的高等教育大众化理论，我国高等教育已由精英教育适龄人口阶段走向大众化教育入学阶段，并朝着普及高等教育的阶段迈进。精英教育是以培养"目标远大、意志坚强、德才兼备"的社会精英为目标的人才培养模式。在精英教育阶段，人才培养的基本导向是"学而优则仕"。到了大众化教育阶段，高等教育的基本导向发生了根本性的改变，不仅体现在学生数量的扩张，更重要的在于教育内涵发生了重大变化，其人才培养目标由单一性趋向多元性，由"学而优则仕"逐步走向"学而优则商"，为社会培养所需要的各类高素质人才。另外，高等教育大众化带来的教育规模急剧扩张与教育投入的总量不足及教育经费的不合理分配形成了矛盾冲突，这也从一个侧面要求高等教育目标及人才培养模式实现根本性转变。

教育是着眼现在、面向未来的事业。高等教育培养的人才要适应数年后社会的变化，高等教育传递的知识、技能和文化价值要有助于受教育者今后走向社会的数十年生涯。教育的基础性和未来性决定创业教育是立足人的潜能开发，立足人的长远发展、终身发展、科学发展，其核心是培养"企业家精神"的素质教育。高等学校实施创业教育，让更多的大学生接受系统、正规的创业培训，培养将来创办企业所需具备的创业知识、创业技能与创业精神，为社会源源不断地培育和输送高素质的潜在创业主体，使他们毕业走向社会后从事自主创业，从而为高等教育大众化背景下的毕业生提供更多的就业选择。

（三） 创业教育是我国经济发展的不竭动力

从 20 世纪后半叶开始，人类社会在西方发达国家带领下开始进入一个重大的转型时期，即从工业社会向后工业社会、信息社会、知识社会转变，大学的地位与作用也随之改变，大学成为知识经济时代经济发展的动力源。在这个时期，我国的高等教育也在"教育思想观念改革是先导、教育体制改革是关键、教学改革是核心"的总体思路下开始改革。尤其是近年来，大学的发展总体倾向通过知识创造和技术创新服务经济生活。

在经历近 30 年的计划经济体制制约后，我国于 1978 年开始的经济体制改革明显提高了国民经济的市场化程度，市场配置资源的基础性作用逐步增强，我国经济快速增长，国内生产总值快速增加，经济实力和综合国力逐渐增强。

我国经济发展的制约因素还很多，其中最基本的长期制约因素就是人口过多。为了我国经济的可持续发展，国家提出经济发展从要素驱动向创新驱动的转变，要将我国的人口负担转化为人口资源，而实施创业教育就是实现这个战略构想的重要途径。创业教育转变人们的就业观念，转被动的接受雇佣为主动的自主创业，创业教育提高劳动者素质，变人口负担为人口资源，更重要的是创业教育推动知识经济背景下创业型经济的发展。

创业型经济基于企业家的创意和创新，以新办"创业型公司"为主要途径，微观上实现企业家个体价值，宏观上促进国家经济发展的经济形态。如果传统经济增长的主要驱动因素是劳动力和资本，新经济增长的主要驱动因素是科技，那么，创业型经济发展的主要驱动因素则是企业家的创意、创新与创业活动。在创业活动中，人才的因素是第一位的。创业型经济的发展有赖于创业人才为支撑，而创业教育的宗旨，在于培养创业型人才、增强大学生创业意识、激发创新精神、培育创业素质、提高创业能力，把更多的劳动者培养成为创业者，营造创业文化，服务于人才强国战略以及和谐社会的构建。

二、构建基于体验的创业教育课程体系

创业作为一个全球性的话题，正逐渐受到世界各国政府的重视。创业在促进经济增长、解决社会就业、加快技术创新及提高生产力发展水平等方面所发挥的重要作用已经得到越来越多学者的认同。在科学技术高速发展、世界经济一体化的今天，不可否认，创业意识是不可或缺的。不是每一个人都适宜创业，但每一个人都需要接受创业教育。创业教育的目标是发展创业能力，培养创业意识和创业精神，所以创业教育是普适的，任何一所大学都应该将创业教育列入课程体系。并且，创业教育目标的多层次性决定了创业教育课程体系中不仅需要有学科课程，还应该包括活动课程、实训课程等非学科课程，不仅要有学校、学院的参与，还要有社会的介入，不仅要有传授创业知识的课程，更要有培养实践能力的课程。创业教育必须注重体验，给学生以机会在实践中发展创业思维、提升创业技能。

创业教育面临很多教学上的困难，其中最主要的困难是缺乏可供利用

的创业教育教学，学生希望学校提供真实场景的创业体验，希望学校提供的创业教育机会免费向所有学生开放。学生认为他们参加创业培训得不到家庭、学院的支持，提出他们不想参加创业培训是因为资金缺乏，希望把创业教育课程像外语、政治等课程一样，融入整体培养计划。

学生对创业教育缺乏了解，也缺乏热情，并且我们缺乏创业友好的环境也是不争的事实。面对现状，我们须优化创业教育计划，根据创业教育的培养目标，建立合理的课程计划，构建以创业教育为龙头，创业教育与思想政治教育、科学文化教育、职业技术教育相互结合、相互渗透的内容体系和以知识讲座课程、模拟活动课程与社会实践课程相互结合、相互渗透的课程形式结构体系，将创业教育融入各层次学校教育教学大纲和整体培养计划，使之成为对学生和学校考核指标的重要组成部分。

在教育内容上，注重自然科学与管理学科的密切联系，注重跨学科课程、商务计划、学生孵化器的创建，注重创业教育理论与实践的结合，开设普通经济学课程及管理学课程，强调观点的产生与创新。在方法方面上，对学生尽可能进行个别辅导，通过经验过程学习，注重能力及个人发展。模拟基于项目的商务计划大赛，邀请企业家座谈，进行想象性分组辩论大赛等。

第一，建立创业教育核心课程体系。联合国国际劳工组织顾问内尔森教授多次强调，创业教育的目的包括主张自我雇佣，识别、创造和利用市场机会获取财富，但创业教育不同于以经商办企业为主要目标的商务教育，不同于以掌握技术谋取职业为目标的职业技术培训。创业教育内容有五个基本要素，创业精神、创业心理、创新意识、创业知识、创业能力。构建创业教育课程体系就必须围绕这五个方面设置相应的课程。为了培养创业、创新能力，我们可以从核心课程和辅助课程两个层面构建创业教育课程体系。就核心课程而论，为了培养学生的创业精神，我们可以开设有关人生、励志、国情、成功创业人士创业过程解读等讲座，使学生了解我国当前严峻的就业形势、巨大的社会就业压力，了解创业成功能够提供更多的就业机会，了解国家正在创造一种鼓励高素质人才创业的环境和氛围，需要更多具有创业素质和能力的人去投身于创业事业，从而树立正确的人生观、价值观，转变就业观念，敢于拼搏、敢于接受不确定的风险，树立通过个人努力奋斗获得社会财富和社会认知的创业意识和创业精神。

第二，为了健全学生的创业心理，我们需要通过课程教学培养学生积极的处事态度，使他们具有成功的坚定信念、有强烈的社会责任感、有坚韧不拔的毅力、能够忍受内外环境的压力与重大挫折的能力。创业教育关键是对学生创新意识的培养。为此，我们需要在培养目标、人才规格制定上加强基础、拓宽知识面、加强专业深度、注重素质、强化实践能力的培养。针对创业知识和创业能力，我们需要依据市场需要、教师的兴趣和专长以及整个创业教育中最关心的重点，开设有关小企业创办、创业技巧、企业界素质、创业融资、成长型企业管理、时间管理、人员管理、市场风险评估、市场机会评价等课程。例如，我们可以开设"创业基础"、"小企业咨询"、"创业与小微企业的构成""创业公司的法律策略"、"新兴企业资金筹措"、"创业企业人力资源管理"、"商务基础"、"管理基础"、"顾客关系"、"技术创新与策略"、"产品生产与服务"、"合伙企业税收"、"企业地点选择策略"、"企业的法律环境"等课程。

第三，除上述核心课程外，我们还应设置实践性辅助课程。辅助性课程包括大量的商务计划大赛、专题讨论会、实习等。结合实际，创业者很难获得充足的资金资助，因此，我们需要在实践性辅助课程设置时重点考虑一些花钱少、收效大的项目，例如多进行经验交流，多邀请成功创业人士座谈，多为学生创造参观机会等，不可以盲目照搬美国模式，指望设置大量现场实习机会或大量的资金资助学生直接创业。

第四，实行分类指导、实施差异教学。差异教学思想批判教学中不顾学生差异的"一刀切"现象，"在班集体教学中立足学生差异，满足学生个别的需要，以促进学生在原有基础上得到充分发展"。目前，很多创业教育计划都是面向全体学生实施的，学生构成的差异性和复杂性使我们必须考虑分类指导、差异教学的原则。为对创业感兴趣的学生开设一系列与创业相关的基础课程，为准备创业的学生提供强化培训、创业指导和模拟演练。针对不同的专业开设不同的创业选修模块学习，理工科学生要补上一些管理类和综合类知识，管理类院校则可采用渗透原则，根据创业教育的目标和内容设置较完善的创业教育课程体系。既不打乱原有教学计划和秩序，又通过专业教育的渗透，丰富学生的创业知识，避免一些创业类课程和相关管理类课程重叠过多的现象。充分考虑受教育学生的专业背景，分层次进行创业教育，不搞"一刀切"，使不同背景和不同期待的学生从不同角度接受创业教育的熏陶，唤醒和激发他们的创业意识和创业热情。

第五，构建基于体验的课程模式。我国高等学校尚未形成完整的大学创业教育课程模式体系、没有统一的创业教材和专门的师资力量，我们可以借鉴美国高等学校创业教育经验采用以下几种教学模式。重要的是，无论采取哪种课程模式，体验和实践始终是贯穿整个课程的核心。

KAB 课程模式即"了解企业"，是国际劳工组织开发的课程体系，与已在多国广泛实施的"创办和改善企业"项目共同构成一个完整的创业培训体系，目前已在全球多个国家开展。项目已由全国青联引入我国并在多所大学施行。斯里兰卡、肯尼亚等国实践表明该项目成效显著，我们应加大力度广泛推行。强化班模式可以根据学生自愿报名，参考学生平时学习成绩、工作能力、科研、获奖及经营管理潜在素质等情况，再经过面试考核后择优录取一部分学生参加创业强化训练。授课和训练的时间可根据学习者的具体情况安排在周末或假期集中进行。公共选修模式把创业教育和素质教育结合起来，以学生整体能力和素质提高为目标，以课堂教学作为渠道，相互促进、深化内涵，突出科技创新与技术产业化这个主题。在施行创业教育公共选修模式时，须注意将创业意识渗透到每一门课程，以创业通识课程为主干，并以相关选修课程为支撑。科技园模式主要依托当地高等学校尤其是研究型大学，同时最好有政府和知名企业的介入。科技园可为高等学校学生创业提供咨询策划服务，为有意创业的学生提供实践机会。科技园还可通过支持学生创业社团活动，与研究生院联合开设研究生创业素质拓展班等参与创业教育。创业计划大赛模式中的学生以团队的形式参加创业计划设计，由资深创业学者或成功创业家评判学生创业计划的科学性和可行性，对优胜者提供创业启动资金资助。

三、多维度保障和促进创业教育的发展

国际劳工组织 KAB 项目全球协调人克劳斯—哈弗腾顿在 2007 年"创业教育中国项目年会"上指出"全球任何一个地方都不像中国那样有这么多的创业机会。但是，这些机会却被很多人忽视了。这主要有两个原因，一是中国还缺少创业的基础设施，即与创业相关的法律、金融、风险投资等设施。二是缺少系统化的创业教育。"不可否认的是，对于实现学校的教育教学目标，课程的重要性无论怎样强调都不过分。但是，现实告诉我们，确定创业教育的内容或课程并不难，难的是怎样保障良好的课程计划得以顺利实施并达到预期的效果。概括起来，为保障和促进创业教育，我们需要建立良好的资金资助机制、建立良好的学校氛围和社会氛围、建立良好的实践平台、良好的教师队伍等。

要多渠道获取创业教育资金支持，我国高等教育资金短缺已是人尽皆知，财政拨款增加乏力、收费标准很难提高、银行贷款严重受阻。资金不足一直是我国高等教育发展的制约因素，而创业教育的发展则更需要大量资金支持。并且资金短缺这一问题随着高等教育规模的高速扩张会日益严重。多项调查表明，高等教育投入的增长速度远不能满足高等教育质量提升的需要。资金的严重短缺一方面凸显了创业教育的重要性和紧迫性，另一方面也成了实施和发展创业教育的最大障碍。解决这一问题的关键是政府需要真正重视创业教育的发展，尽可能设立创业教育专项资金，对教师和学生创业、学生参与实践实习等提供资金支持。此外，社会资助也是不可或缺的。

我们需要努力在学校及全社会营造乐善好施的文化氛围，对个人的成功形成新的评价理念，以个人财富的处置方式而不是以个人财富的数量来衡量人的价值。只有当全社会都切实关注教育和创业教育，只有当创业教育有必要的资金资助，发展才有基础。另外，我们可以通过校企联合、技术转移、技术许可等方式获得资金支持。目前，有限的教育资源被以种种名义聚集在少数已经具有财富优势的大学，资源的分配失衡导致部分高等学校发展举步维艰，因此，我们需要建立一个相对公平的教育资源配置机制，同时应提高教育资源的使用效率。

要加强教师队伍建设。成功的创业教育离不开高素质的师资队伍，我们必须注重建设创业教育优质师资队伍。一方面，以经管类院系为依托，加强对创业骨干教师的专业培训，使教师由教学过程中的"主导"作用变成"引导"作用。针对学生个体差异，运用启发式、实践式、探究式等教学方法，开发学生创业潜能，培养学生的创新能力。同时，制定激励措施，鼓励现职教师到创业一线兼职或有计划地选派有潜质的青年教师直接参与创业实践。另一方面，可以聘请一些企业家、成功的创业者、技术创新专家到学校担任兼职教师，或兼职从事创业方面的研究工作，扩大创业教育的师资队伍。组建"创业导师、专业导师、企业导师"队伍，为实施创业教育提供有力保证。导师们将通过创业课程、创业讲座、政策咨询、业务指导、定期联系等方式，为大学生创业团队现身说法、答疑解惑，并提供项目论证、业务咨询和决策参考等服务，着力解决大学生在创业过程中遇到的难题。在提供决策咨询的过程中，导师也可以发掘有潜力的创业项目重点跟踪帮助，甚至直接进行投资。

教师作为推进创业教育的骨干力量，在课程教材的开发，教学方法的运用，目标的实现及评审等各方面都起着关键的作用。高素质的教师队伍是推进创业教育成功的保证，合格的创业教育教师不仅需要具备渊博的学识，较高的专业知识水平，还要掌握扎实的专业技能，有较强的创新意识和创造能力，讲课能批判继承，敢于标新立异，进行创造性劳动，会创设教学情境，调动学习热情，激发学习兴趣，刺激智力觉醒，强化感知体验等。

要不断完善创业实践平台建设。创业教育实践性很强，我们需要利用各种资源，结合学生所学专业组建校内、校外创业实践基地平台，把基地平台办成教师教学示范的场所、学生动手实践的阵地和创造经济效益的实体。实践基地是联系理论与实践的环节，是沟通学校、学生与社会的桥梁。学校可与企业签约建立实训基地，建立学生"创业项目"，让学生在创业教育体系的支持下边学习边创业。学生深入企业，了解企业的运作既是大学生创业的前提条件，也是对企业家创业精神的直接感受和学习。此外，建立良好的校园文化氛围是实现创业教育目标与内容的方式和途径。

通过校园文化建设营造浓厚的创业氛围，形成人人爱创业、人人敢创业、人人支持创业的环境平台。引导学生"以创业带动就业，实现优质就业"调动广大教师和学生参与创业的积极性，通过创业体验、创业社团协作、创业知识竞赛、创新创业社会实践活动等努力实现创业教育指标。

要完善创业教育政策支持。为了促进创业教育的发展，各级政府及学校层面都应该出台政策予以支持。例如，政府可以优惠的税收政策、便利的执照许可申办流程、充足的创业风险投资等为创业提供支持。学校应加强与工商、税务等部门沟通，营造适合大学生创业的物理环境和政策环境。允许学生完成学业期间创业，并设置创业学专业、创业学学士、创业学硕士、创业学博士、创业专修课程学分、创业辅修、创业培训合格证书等。此外，学校还应提供校内创业实践基地或孵化器，提供申办资金、财务管理、税收管理、法律管理及办公硬件设施等各方面的支持。成立创业辅导专家组，每个学生创业小组都有一个专家辅导，这个专家应具备丰富的创业经验。

大学生可以充分利用大学的办公用房和其他可利用资源，特别是学校的品牌资源，也可以得到学校专业人员的指导。政府应建立健全支持中小企业发展的相关法律和政策，鼓励社会创业活动，促进中小企业的产生和发展，营造全社会支持创业的氛围。同时，要给大学生和大学毕业生一定的政策倾斜，鼓励大学生积极投入创业的学习和实践，提供必要的活动经费，支持各大学成立创业扶持机构，加强对学生创业活动的综合引导和规范管理。

　　将创业教育平等地纳入学校的教育教学过程，把创业型人才培养与研究型人才、应用型人才的培养放在同等重要的地位，使创业型人才培养逐步成为我国高等教育人才培养体系的一个重要组成部分。有效整合高等学校现有的各种创业教育资源，加强创业教育方面的教学和研究，依托商学院或经管类院系，设立创业学学科或成立创业学院，专门负责创业教材的编写和全校的创业课程教学以及创业研究工作。改变目前大学单一的就业导向，将高等学校的就业指导部门改为职业生涯规划指导中心，在职业生涯教育中将创业放在与就业同等重要甚至更重要的地位。

　　要分层次推进创业教育。所谓创业教育分层次培养模式，是相对于统一性培养模式而言的，指根据创业的层次特点，结合大学生自身条件包括知识基础、能力基础、经济基础和个人兴趣、个性特点及高等学校自身的学术或商务基础，设置既相互独立又相互联系的系列教学模块，以满足不同教学对象的需要使学生都有机会接受事业心和开拓技能的教育。在当前我国人才结构失衡、就业压力较大的情况下，构建创业教育分层次培养模式具有一定的现实意义。

　　首先，分层次推进创业教育能够有效地推动教育公平。很多大学生有接受创业教育的愿望。但是，不同的学生有不同的自身基础，包括知识基础、能力基础和经济基础、个人兴趣、个性特点，如果按同一模式组织教学，就会使一部分学生失去接受创业教育的机会，难以体现教育公平。各人是有差异的，社会需要的人才也是多样的，构建分层次创业教育模式，可以使不同的学生根据自身的情况，在老师的指导下选择接受适合自己的创业教育，有利于推动教育公平。

　　其次，分层次推进创业教育能够合理地输出不同层次的人才。当今社会，科学技术的迅猛发展对人才提出了越来越高的要求，社会急需一批具有创新思想、创业能力的各个领域和各种层次的人才，而现行的培养模式难以满足这一要求。在 2007 年举办的优质教育和教育均衡发展国际论坛上，教育专家指出，我国教育当前最大的弊端是只讲统一，不讲差异，不重视发展学生的个性，不重视因材施教，这样的教育培养不出顶尖人才。

最后，分层次推进创业教育，是形成各校培养特色的有效途径。每个学校的规模、资源禀赋、教师队伍、学生队伍、培养目标、管理基础、地理环境都是不同的，积极探索分层次创业教育培养模式，可以使各个学校结合自身的条件，针对市场的需求，设计出体现学校特点、具有可行性和实用性的教学模式。例如，对于商业教育基础较好，有大量体验过创业的教师，地理环境和制度环境都适宜创办企业的学校，应选择目标指向企业创建的"商学院型"创业教育模式。在这种创业教育模式下，学校和教师的焦点关注是培养创业的机能，传授与创业相关的知识，如募集资金、风险评估、人员管理、时间管理、税收政策等。部分研究型大学拥有卓越的学术基础，工程学科底子雄厚，拥有大量专于技术创新的教师，涉及技术转让和专利申请及保护的政策良好，社会口碑良好，拥有社会资金注入资助科学研究等。这类大学应首先选择目标指向技术创新和技术商业化的"工程学院型"创业教育模式。该模式下的创业教育首先关注对学生学术素质的提高，进而将卓越的学术与适应现实生活的实际应用相结合，发展和创新技术。教学的内容重点关注科学精神培养和科学方法的传授，同时也将与技术创新、技术转让、专利申请、衍生公司等相关的知识和程序纳入教学的范畴。

要完善创业教育评价体系。如果社会对创业失败者缺乏宽容和理解，如果创业者的成绩得不到社会应有的广泛认同，如果从事创业教育或实践的教师们不能与从事其他学科教学或从事科学研究的教师一样地晋升，创业教育终究会成无源之水、无本之木。所以，随着高等学校创业教育的迅速发展，完善其相应的评价体系也变得日益重要。

一方面，政府和学校应该以奖励政策或晋升措施向社会传递创业及创业教育得到高度重视的信号，从社会观念方面进行引导。另一方面，社会团体或政府可以成立创业及创业教育成效评价机构，创办一些类似美国《商业周刊》《创业者》《成功》等的杂志，对高等学校创业教育及项目进行定期评估。评估高等学校的创业教育项目，我们可以从七个维度进行评价，如提供的课程、教员发表的论文和著作、对社会的影响力、毕业校友的成就、创业教育项目自身的创新、毕业校友创建新企业情况、外部学术联系包括举办创业领域的重要学术会议和出版学术期刊等。这些评价体系的构建与评价机制的运作，能增强高等学校间创业教育的竞争意识，促进创业教育的快速发展。要尽快转变整个社会的传统教育理念，深化改革高等学校人才培养模式，从就业教育转向创业教育，树立起既要注重就业更要注重创业，自主创业不仅是大学生就业的重要途径，更是大学生成才重要模式的新观念。要创造有利于企业家成长的社会环境，全社会要以创业为荣，创业者承担着比劳动者更多的社会责任，他们创造社会财富和就业岗位，承担着更多的风险，因此，要对创业者多加宣传和激励，提高其社会地位。同时，对创业者和企业家要加以保护，不能苛求他们承担过多额外的社会责任。

四、以技术创新为主导培养学生的创业能力

（一）创业教育与技术创新的关联

创新精神和创业精神是当今时代的主旋律。加州大学经济学教授保罗·罗默的新经济增长理论认为，好的想法和技术发明是经济发展的推动力量，知识的传播以及它的变化和提炼是经济增长的关键。当今时代，好的想法和知识非常丰富，且能以很低的成本复制，因而资源稀缺原理和收益递减法则不再成立。传统的经济理论只考虑生产中的资本和劳动力因素，而保罗·罗默却将技术因素考虑进去。因为现代经济发展已进入信息时代，技术创新则是信息时代经济发展的主要驱动力量。

首先，技术创新是一个从产生新产品或新工艺的设想到市场应用的完整过程，它包括新设想的产生、研究、开发、商业化生产到扩散这样一系

列活动,本质上是一个科技、经济一体化过程,是技术进步与应用创新共同作用催生的产物。科学是技术之源,技术是产业之源,技术创新建立在科学原理的发现基础之上,而产业创新主要建立在技术创新基础之上。熊彼特指出,技术创新是指把一种从来没有过的关于生产要素的"新组合"引入生产体系,这种新组合包括引进新产品、引用新技术、开辟新市场等。创业教育与创新联系密切。创新在创业中往往能发挥巨大的作用,无论是技术的创新,还是管理、制度、市场的创新都有利于创业的成功,无论在创业过程的哪个阶段,创业者都必将面临各种各样的难题,难题的解决依赖创新。

其次,从创业教育的起源与发展看,我们可以发现,创业教育的核心就是创造。创新精神的培养是创业教育的关键,只有创新精神才是创业教育的灵魂。开展创业教育,实质上是创新精神的张扬和落实,只有把创新精神融入创业教育之中,才可能在市场领域中真正实施创业。从这点上看,创业教育不能没有创新,尤其是技术创新,创新是一种精神和意志,创业是一种志向和追求。没有创业,技术创新就会因为缺乏与社会的联结带来的经济或社会效益而失去进一步发展的动力源,没有技术创新支撑的创业就没有竞争力,没有创业市场的创业教育也就没有生命力。创业精神促进新技术的产生和研究者的创业愿望,创业教育课程培养创业活动所需要的人才,技术转移机构、创业指导中心等对创业进行辅助、孵化创业研究性组织,再以自己的研究指导、完善整个创业流程,这样就形成了一个不断推进的创业循环系统,保证了创业教育和大学创业行为的可持续发展。

(二) 技术创新导向是创业教育的关注重点

现行的课堂教学强调的是以课堂为中心,以教师为中心,以教材为中心,沿用刻板的灌输式教学模式,这不利于技术创新型人才的培养。我们必须改革课堂教学,推进技术创新导向的创业教育。教学过程中始终突出学生的主体性,提倡重教法更重学法,重讲解更重参与,重结论更重过程,重知识更重实践实习。具体地讲,我们需要采用多样化的实践形式促进技术创新，为学生的创业提供经验基础。

在创业实验中，创业者的作用是通过进行市场导向的实验将知识转化为商务机会并实现创新，这些实验对于新兴的技术和与该技术相关的机构，都意味着巨大的变化。技术导向的创业教育就是要涉及一些项目，旨在实际的商务环境中证明新兴技术的有效性和价值。这种项目一般以实验和证明的形式存在于大量创业活动中。

创业教育中的知识发展涉及学习活动，这些学习活动绝大多数都是有关新兴技术、市场、网络及技术使用者的。目前，国外比较流行的学习活动有很多种形式，我国学校适宜的学习活动如"通过研究进行的学习"和"在做中学"。前者关心的是基础科学中的研究与发展活动，而后者关心的是在实际背景下的学习，如实验室实验。

知识扩散和交流的形式包括讨论会、专家讨论会、学术会、小组讨论会、论证会、论坛等。通过这些活动促进知识在参与者之间交流。参与者包括技术研发人员、资金提供者、技术使用者、管理调节人员等。知识扩散和交流的途径十分重要，因为只有不同背景的参与者互动，才可能促进创新的产生，这是交互学习的意义。交互学习的特殊形式就是"在用中学"，这涉及基于技术创新使用者体验的学习活动。

市场形成后，人们不指望新兴技术能与现行成熟技术竞争。为了刺激创新，我们有必要创建虚拟市场。这里的市场形成活动就涉及为新兴的技术创建一种虚拟需求，例如为新兴的技术提供资金支持、对那些与新兴技术形成竞争的技术使用者课税等。在资源利用中，该活动主要指资金资源、物资资源及人力资源的分配，获得这些资源对于所有的研究发展都是必需的。资源利用活动涉及投资与资金补贴问题，也涉及教育体系、大型科研设施及资源补给基础，如用作燃料或能源的植物材料、石油、天然气等自然资源的利用是很重要的，这代表了一种基本的经济变量，重要性显而易见。

（三）技术创新导向的创业教育应注重培养问题意识

所谓问题意识，是指人们在认识活动中，经常意识到一些难以解决或疑惑的实际问题及理论问题,并产生一种怀疑、困惑、焦虑、探索的心理状态,这种心理又驱使个体积极思维,不断提出问题和解决问题。思维的这种问题性心理品质,称为问题意识。问题意识在思维过程和科学创新活动中具有非常重要的地位,对创业教育教学活动来说,问题意识是培养学生创新精神的切入点。技术创新导向的创业教育需要鼓励学生致力于颇有创意的设计,培养学生发现现有技术不足,评价新兴技术的商业前景等能力。要实现这个目标,我们必须关注以下几个方面:

第一,注重教和学。即将教学放在活动的中心,将提升技术的商业应用价值作为教学的使命。教学的课程始终考察研究最前沿、科技含量最高的技术。

第二,构建技术多元的教师队伍需要组建一个由科学研究人员及技术评价方面的专业人才构成的教师团队,所有的教师都致力于为学生提供满足他们需要的创业课程。尤其值得注意的是,教师的学术背景、专业结构、经验基础等都力求多元化。

第三,注重学习者构成的多元性。参与技术创新导向的创业教育学习者应该包括各种年龄层次、来自世界各地、有各种专业技术背景、有各种技术经验等。这种不同背景和文化的学生构成的社区里,学生有无穷的机会相互学习、相互交流对待某项技术的真知灼见。

第四,鼓励学生质疑,问题意识是思维的动力,是技术创新的基石。我国学生的问题意识比较薄弱,很多学生不敢或不愿提出问题。针对这类学生,培养和激发问题意识的关键是创设良好的教育环境和气氛,增进教学民主,加强师生交往,鼓励学生质疑发难、寻求同一问题的多种解决策略。

第五,注意启发式教学。我国的传统是比较关注学生的"学"而忽略学生的"问",加之其他众多因素,很多学生不善思考,思维惰性大,不能提出问题或者是不善于提出问题,这不利于技术创新能力的培养。针对这种状况,我们应该注重启发式教学,精心设置问题情境,培养学生的问题意识,让学生提出问题,并在教师引导下解决问题。

（四）技术创新导向的创业教育应注重培养批判意识

批判是指对错误的思想、言行进行分析、批驳。批判意识是由巴西著名教育理论家弗雷勒发展的一种教育和社会学概念，它关注人们获得对世界的深刻认识，感知和揭露社会矛盾和政治问题，同时也包括对生活中的压制因素采取积极行动。孙宏艳等认为，批判意识是主体进行批判活动的自觉性与能动性，或者是主体对其所进行的批判活动的认识和了解，具有批判意识的主体能以立足现实又高于现实的眼光来看待世界，通过反思和质疑提出建设性的新观念。弗雷勒指出，唯有通过培养批判意识才能建立人与世界的真实关系，将人性本质导向正确的发展方向。中国传统文化中森严的等级制度使中国人缺乏批判意识。

中国的现行教育过分强调统一性，忽视或抑制了学生的批判性思维的发展。或出于尊敬，或出于礼貌，或出于惧怕，或出于敬畏，学生对权威思想和老师很少提出质疑，更遑论挑战和批判。事实上，人的尊严之要素是要有独立的人格，而独立人格的前提是独立思考能力。要独立思考，批判意识是必不可少的。严重缺乏独立思考的魄力和能力的学生，永远成不了 21 世纪的创新和创业人才。敢于批判的人不迷信权威和书本，敢于批判的人不仅有一双可以看见实体的肉眼，而且有一双可以看见观念、看见真理灵光的慧眼。这双慧眼不仅代表了敢于批判的精神，而且代表了善于批判的能力。创业教育的任务就是要教给学生这样一双敢于并善于批判的慧眼。创业教育要培养学生的创新素质，而创新的素质离不开批判意识。要实现技术创新，我们需要站在一个更高的层面上审视、分析和解剖，以期发现问题、解决问题，进而改进现有技术或者创造新技术来改变现状，推动社会发展。没有理性的怀疑，就没有科学的批判，没有科学的批判就没有技术的创新，没有技术创新就无法实现基于技术优势的创业。

（五）技术创新导向的创业教育应注重培养非智力因素

创业人才成长过程是智力因素与非智力因素相互影响，又以非智力因素起决定作用的过程。非智力因素中的动机、兴趣、情感、意志、性格、道德品质对于创业活动起着动力、走向、调节和强化的作用。由于种种原因，学生的非智力因素并没有像智力因素那样受到有计划、有目的、有针对性、循序渐进的教育培养；相反，应试教育的社会氛围还在一定程度上压抑和限制了学生非智力因素的投向和全方位的发展。

在知识经济时代，科学发展和技术创新是推动经济和社会发展的主要动力，创新活动是知识经济活动的最主要形式。因此，我们要采取相应的措施，清除开展非智力因素教育的诸多难点，优化学生的非智力因素，尤其重要的是培育学生创业创新的动机和勇气。创业需要我们思想活跃、不因循守旧、富于创造性。技术创新需要我们具有敢于标新立异和独树一帜的精神追求。缺乏自信心、故步自封、懦弱、怕失败等非智力因素严重影响创业精神的形成，制约创造力的发展。虽然每个学生的个性都不尽相同，但培养学生具有顽强、坚毅、独立、自信、有明确的价值取向等优良个性的目标是坚定不移的。只有注重学生非智力因素的培养，努力促进学生人格的健全和完善，帮助他们找到个人才能与社会的结合点，寻找到自己个性才能发展的独特领域和生长点，才能启发、诱导、挖掘学生的创业潜能，使学生成长为敢于创新、勇于创新且善于创新的技术人才。

五、创业教育事业下我国研究型大学理想模式

现在的大学越来越明显地发挥着市场组织或准市场组织的功能，即所谓"学术资本主义"。伯顿·克拉克认为，大学创业必须具备一些转型元素、一些维持动力，以及由此导致的持续变化状态。知识经济背景下越来

越激烈的竞争迫使各个地区重新考虑并经常修改他们的经济发展途径，知识已经跃升为竞争优势的根本基础，大学在努力寻求新的途径以便在区域经济发展中扮演更重要的角色。在此背景下，我们认同创业型大学代表了研究型大学发展的方向，但从研究型大学向创业型大学的转变绝非一蹴而就。我国研究型大学需要努力发展以下创业转型元素，迈向创业型大学。

（一）研究型大学须树立追求学术卓越的目标

大学是时代精神的象征，也是人类精神家园和民族文化的守护者。大学应该既体现着某一时代的精神，同时又承载着人类终极的价值追求。只要人类的文明延续，大学前进的步伐就不会停止。为了追求真理、创造知识、批判地把握人类社会发展的一些永恒价值，大学必须通过学术性的教学和创新性的科学研究塑造学生、传承和创造知识与文化，并服务社会。为此，大学必须肩负起追求学术卓越的使命，推动知识创新，通过培养学生，科学和技术服务人类世界。强调教师对当地经济发展所承担的责任，强调大学与产业的联系，强调研究目标源于社会需要，强调注重实效和可施行性，关注真实世界的真实问题等。总之，大学使命、政策和实践的本质要点和推动力在于明确指向培养未来科学家，以学术卓越推动技术创新，以创新的技术孕育大批新型企业家，为社会经济发展做出贡献。

（二）研究型大学需要一流科学素质的教师

大学的理念是为人类创造知识，传授知识，传承人类文明，推动社会进步。大学的教授队伍必须由真正具有责任心、使命感和创造力的学者型人才组成，教授以学术研究和教书育人为天职，既有妙手著文章的才干，又有铁肩担道义的胸怀，这个大学才能为社会创造卓越价值。人们普遍认为，创业型大学是由科学研究驱动的。创业型大学必须有一种生存和超越策略，这些策略须能引起学术转移，使处于边沿的大学走向主流和中心。实现这种超越的关键因素在于学术卓越，而学术卓越的前提无疑取决于一流素质的教师。最有造诣的教师才可能吸引和保留住最有发展潜力的学生，他们既是可商业化成果的创造者，也是支撑大学生存和发展的决定力量。

（三）研究型大学须科学研究与工程研究并重

研究型大学要实现创业转变就需要引入市场机制，其中最重要的途径就是创新技术商业化或创建大学衍生公司。首先，大学必须具有能力吸引大量的资金资源来资助大学前沿的科学和工程研究，获得比较充裕的研发资金是大学发展技术，尤其是发展一些世界领先、具有很大商业潜在价值的技术的必要条件。然而，大学对资助资金的吸引力通常来自大学的科学研究基础和工程研究基础即基础科学和应用科学。所以，大学必须首先努力做一个研究型机构，并且是科学和工程都有相对突出成就的研究机构。

（四）研究型大学须有产业资助的科学研究

除了资金的绝对数量外，资金资助的多元性来源也很重要。大学需要吸引大量产业资金资助科学研究。产业资金资助的科学研究在科研成果商业化方面扮演着十分重要的角色。这些产业资金能够推动教学质量、科研水平的提高，产业资金不局限于资助应用科学项目，也可能资助基础科学项目。大学可以和公司进行直接的科学合作，在一些当代前沿科学技术领域进行研究，这有助于知识分子与企业的配合，也有助于公司与学术科学家之间的持续对话。

（五）研究型大学需要促进技术转移的机构和政策

大学须有很多组织和相应政策以益于科学研究成果的商业化，如麻省理工学院在《贝耶法案》出台前就已经成立技术许可办公室。技术许可办公室在技术转移活动中扮演着十分积极的角色，它不是等待技术的牵引，而是根据感兴趣的公司对技术许可的需求鼓励教师们将自己的发明发现立即披露，迅速、周密、细心地评估发明的市场价值，并获得知识产权保护。为了支持教师们的创业，大学还需制订一系列支持商业化的政策，调节指导技术转移利益的冲突及创办企业的活动。调节政策必须简洁、严格、无一例外，并且明确贯彻"技术转移和创业活动是教育活动、基础研究、知识传播等学术使命的副产品而不是目的，技术转移活动一定不能歪曲或者偏离这一核心使命。当与使命发生冲突时，学术活动总是取得优先地位"。

（六）研究型大学须使收入多元化

大学创业的核心在于使收入多元化并且增加收入以推进机构的繁荣。大学的自治是逐步发展的，自治的大学原则上应该制定自己的法规章程，厘定自己的使命、确定对财政预算和雇佣人员的控制。如果有其他的机构和单位如国家来为大学制订法规章程，那么这所大学就是他治的。一些大学的自治并不一定意味着独立和自主，外部利益相关者对校长、副校长、院长、系主任、教授的选择与大学的自治是一致协调的。即使十分富裕有钱的大学也会与大学资助人、利益相关者、捐赠人等相互依赖，而贫穷的大学则更容易受制于潜在赞助者。

研究型大学应积极致力于使大学收入主流多元化，建立捐赠基金和战略资金，大学自治独立的崛起需要减少或取消政府的直接控制，增强教师的权力，教师能自由地决定科学研究的内容和方向或教学工作的途径及方法。

（七）研究型大学不能回避市场化

市场化是以建立市场型管理体制为重点，以市场经济的全面推进为标志，以社会经济生活全部转入市场轨道为基本特征，把特定对象按照市场原理进行组织的行为。大学市场化指把市场机制引入高等教育中，使高等教育运营具有显著的市场特征如"竞争、选择、价格、分散决策、金钱刺激等"。

大学的危机与正在社会各个领域逐步形成的新思维模式有密切联系。自由市场、私有化、成就导向、效率、功利主义、竞争、灵活性、自由企业、去中心化、公共资金资助削减等很多概念都是与新自由主义密切联系的现象。在这种新秩序下，国家的角色从服务提供者转变为供给调节管理者，社会服务逐渐被看作谋取利益的机会，为获得成功而展开竞争的文化逐步形成，社会生活与企业生活之间的边界越发模糊。制订教育政策、鼓励重商主义、鼓励大学与企业合作等一系列策略的基本前提都指向提升国家竞争力，于是高等教育领域出现了一些新的趋势——资源向少数大学集聚，根据市场原则鼓励机构间的竞争，主张使用者付费的原则，重视创业活动、创建知识转移网络等。对高等教育的市场导向管理是与政府以前的态度有所不同的。

现在，越来越多的人认为高等教育是私人投资的对象，而不仅仅是"公益"的一部分。大学不再只是发展与企业的联系，大学本身就直接参与经商创业。就大学的教学功能而言，大学被看作是服务提供者，而学生被看作是顾客。由于这种新文化的兴起，我国研究型大学也开始将学生当作顾客对待，并且为了吸引学生前往，很多高等教育机构做出了大幅度的调整和改革以提升其魅力。

大学与学生之间的消费关系决定了大学必须聚焦质量和形象提升以赢得消费者的选择。事实上，各种大学排名也是对市场化需求的一种回应，进行这种大学排名所依据的原理在于，学生、学术人员以及寻求研究合同的企业需要有途径获取可比较的信息。在市场化的进程中，政府资金资助份额的不断减少也是其中一个因素。传统的大学结构限制或阻碍了大学回应不断增长的挑战，这导致大学需要发展新的行动模式。因此我们看到，社会鼓励大学通过激烈的竞争获得外部资金资源，这就导致了斯诺特所言的"学术资本主义"。

在我国，随着高等学校招生人数的剧增，可用高等教育的资金与人们的希望之间差距越来越大。这种背景下，经济基础远不足以支撑所有的教学和科学研究，更不能满足所有研究型大学的进一步扩张，于是研究型大学的市场化不可避免。在大学市场化过程中，最重要的特征就是竞争和赢利，包括学校之间为吸引学生生源的竞争，教师之间为获得科研资金资助的竞争，学术人员依据商业潜质选择研究项目及将技术创新成果商业化等。这样通过竞争竭力获取资金增加机构资源，正是美国创业型大学的实践路径，他们的经验为我国研究型大学的发展呈现的是一幅可资借鉴的路线图。

我们认同我国研究型大学是不以盈利为目标的机构，然而不以营利为目标的机构也可以努力寻求增加自己的财富，推进自己的繁荣，而参与有利可图的活动就是实现这种目标的途径之一。随着研究型大学财富的增加，创业型大学就是他们发展的愿景。目前，我国越来越多的大学开始垂青这种大学发展模式或发展理念。创业型大学往往以不同的方式，从不同的角度支持基于竞争获取研究资金资助，支持依据产出或输出指标资助教学。创业型大学都涉及竞争性和比较优势，因此，很多大学致力于发展为"最具竞争力的知识社区"，也有的大学聚焦促进经济的增长。与此同时，国家政策制定者们也在努力促进所谓大学的第三使命，即基于教学和科研使命的财富创造。

在全球知识经济和信息社会的背景下，如果大学创业转型，热衷于技术商业化，知识商品化，教师学生资本化，那么导致的结果就是大学的运作会瞄准利润，科学研究和教学都会受益于越来越多的资源，机构本身也会越来越富有。这时，研究型大学不再坚守"知识无疆界"，也不再坚持"为知识而知识"的纯学术追求，而是转向具体顾客的利益，其行为日益接受市场普遍遵守的"契约"原则的约束，高等教育由"公益产品"转变为可以带来个人收益的"私人产品"，师生关系演变成服务关系，大学的运营日益企业化，学校关注的焦点从公益事业和人类幸福的远大目标转向对经济效益和社会效益的兼顾，学术创业家凭借对市场的领先识别或创新技术的优势介入企业，以期将知识转化为资本获得经济回报。

总之，社会需要大学融入市场浪潮，大学需要通过市场参与获得进一步发展的资金，大学与社会互动的市场机制正逐步形成。大学与大学、大学与其他社会机构、大学内部教师之间，为着抢先向社会展示自己的形象，为着争夺生源、师资、科研经费，激烈竞争不可避免。这样的竞争会使大学更加贴近社会、贴近市场。诚如克拉克所言："市场模式的主要优点是它可以不断地刺激学院和大学，使其适应不断变化的经济和社会状况。"

（八）研究型大学应作经济发展的"引擎"

随着高等教育的全球化，传统大学所享有的作为社会机构的神圣与威望已不复存在，大学对经济社会发展创新的贡献是研究型大学概念的核心。过去大学主要关注教学、科研以及为知识而追求知识。随着高等教育大众化的兴起，大学成了公众持续关注的焦点。现在，大学已经不再受限于"象牙塔"一隅，大学也不再享有精英地位，不再享有政府的特殊保护与支持。于是，大学不得不与其他很多社会机构为获得公共资金资助展开竞争。并且，大学的作用不仅仅是生产"会思考的头脑""社会批评家"及"能干的领导者"，而且还要为世界基于知识和技术的经济培养人力资源，担当经济发展的引擎。

1. 研究型大学促进经济发展

研究型大学可以通过最大限度地、最高效率地利用人力资源和物力资源，本身作为一个组织机构参与创业，促进经济的发展。大学与其他领域的创新主体之间互动以促进地方经济社会发展，这种大学与其他机构创新主体之间的互动即形成大学—产业—政府三螺旋关系。在这个新三螺旋中，大学从边沿走向中心是关键因素。尽当大学直接参与创业时，大学就在更广阔的社会舞台上扮演着更加重要的角色。人们希望大学在三螺旋中以引领者的姿态发挥积极的作用。很多学者认为，构建创业型大学是促进经济增长的手段。聚焦应用研究和应用商业化需要与企业及现有的产业密切联系。与其他学术机构相比，研究型大学更能为地区经济发展提供有效的智力支撑，为企业的发展提供动力，尤其是包括自然科学及工程学的大学。

2. 研究型大学充当"创新载体"及知识、科学和产业合作的促进者

21 世纪是知识经济时代，经济的繁荣不再是直接取决于资源、资本、设备的数量、规模和增量，而是直接依赖于知识或有效信息的积累和利用。知识经济的这种特征决定了知识创新的水平和速度是经济发展的关键因素。我国研究型大学的学生、教师、职员等应该和社区建立联系，充当

"创新载体"及知识、科学和产业合作的促进者。研究型大学可以一边进行基础科学研究，一边支持经济和技术革新，从而在经济发展中发挥重要作用。要实施创业转型，大学须更多地重视有利可图的、提升价值的、实用的新知识。美国学者艾米顿指出，知识创新是指为了企业的成功、国民经济的活力和社会进步，创造、演化、交换和应用新思想，使其转变成市场化的产品和服务。大学可以收集知识、生产知识、向社会其他部门或成员传递知识，如知识工人、知识经纪人以及经济、艺术、宗教、体育等子系统中的其他成员。大学可以雇用一些学生、职员、教师、研究人员等直接或间接地参与财富创造，通过社会性的教育转化为显性的学术知识。通过知识经纪人或知识顾问，显性的学术知识可以应用于实际生活并可以赢得利润。因此，研究型大学可以充分发挥作用，培养学生的创业能力。

研究型大学应更关注在商务或企业的背景下促进学生的学习。它强调或重视通过教学有关创业或企业的知识及通过传授创业技能来培育创业精神。一方面，研究型大学希望其学生善于创造、创新、积极主动，从而富有进取精神；另一方面，也希望大学生们表现出勇气、开放、灵活、易于适应，并具有抓住机会的能力。研究型大学应特别致力于培养学生善于从策略的高度思考问题，了解主流社会文化规范、政治程序、最新的商业趋势，并具备一定实践知识和专门技能等。

3.研究型大学和产业密切合作

研究型大学可以多种途径与产业合作充当经济发展的"引擎"，如通过技术专利和技术许可、为企业提供咨询、创办衍生公司、为企业培训高层次的劳动者等。中小企业要想继续生存和发展，必须依赖技术创新、提升技术、增强自主创新能力，高等学校恰好可以在其中发挥科研优势。大学可以通过签订校企合作协议、开展企业技术咨询、派出"企业科技特派员"等方式，帮助企业保持稳定增长，共同组建产业化基地或者派出一批博士担任公司的负责人、核心技术部门高管，使企业的自主创新能力和市场竞争能力获得极大提升。在抓好服务地方经济发展的同时，学校坚持做大做强"学科性公司"，推动科技成果转化和高新技术产业化，力争形成高科技企业集群。

以前，大学和产业被看成是互不相干的独立的实体或单位。现在人们对大学的期待发生了变化。大学是社会的一部分，不可能孤立于社会而存在。大学尤其要获得社会更多的经费支持才能不断发展。我国高等学校主要靠政府拨款，私立大学经费主要靠自筹。近些年来，很多大学都面临着一定的财政困难。大学为了生存和发展，必须转变自己的职能，通过适应社会的需求，获得生存和发展的能力充分利用政府出台的相关政策，一方面使大学从企业中获得发展所需的资金，另一方面发挥学校学术的比较优势解决企业中的难题，增强基础研究向应用研究的转化，推动经济的发展和社会的进步。

4. 大学创业教育与企业和经济发展的互生互动

如前所述，知识经济与信息时代导致就业岗位的萎缩，并且大量数据显示小型企业的成长推动了经济的发展，提供了大多数的就业机会，因而创业成为人们的焦点关注。创业现象的勃然兴起势必对大学实施创业教育提出迫切的需求。创业教育鼓励毕业生创办企业实现自我雇佣，或者积极投身技术创新，并将创新的技术商业化，以实现经济利益最大化，实现财富追求。

创业教育对毕业生的收入有显著影响，创业教育的开展促进了小型公司的创建。通常，雇用接受过创业教育的学生的小型企业，其销售量和工作岗位的增加都大于雇用非创业教育的学生。接受创业教育的毕业生拥有的企业通常比非创业教育毕业生的企业数量更多、规模更大、销售量更大。大量小型公司的创建无疑会提供更多的就业机会，推动经济的发展。良好的经济环境能将更多的资金用于教育，用于对创业教育的支持。可见，创业促进创业教育的开展，通过创业教育培养的学生更易于创办小型企业，并且创业教育推动大学的创业转型，小型企业推动经济发展，提供就业岗位，增加社会和个人财富；研究型大学的创新技术及技术商业化直接服务于经济社会的发展。社会的发展和财富的增长无疑优化了创业环境及大学创业教育环境。这样，良好的创业与创业教育、公司创建、创业型大学发展、经济发展之间就形成良性互动。

创业教育的本质在于培养创业精神，培育创业文化。在知识经济、信息技术主宰的全球化时代，创新与创业成为经济发展的主要驱动力量。创业成为就业的一种选择，创业教育成为解决众多社会问题的寄托，创业型大学成为世界大学发展的趋势。

创业教育回应社会对创业的需求，以教育学生积极应对社会需要和市场变化，以创造性就业和创造新的就业岗位为目的。创业教育要求我们关注现实，不断发现机会和创造机会，从潜在的市场中寻求包括经济利益在内的回报。创业教育不同于创办企业的教育，它追求的是一种机会警觉和机会创造的创业精神。创业和创业教育互动又催生"以为社会经济发展作出贡献为目标，以卓越的学术成果和教学成果为依托，以技术创新和将创新的技术商业化为手段，辅以高科技衍生公司、专利授权等，通过发展和产业、政府的新型关系谋求多元化资金资助，获得资金—创新—社会经济发展之间良性互动并不断提升自己的创业型大学"。

我们反对唯钱是图，但我们不能诋毁追求财富，我们不能将大学的创业转型视作一种对时尚的盲目追捧，但毋庸置疑，追求学术卓越和技术创新，并追求创新技术经济效益最大化的创业型大学已然成为不可逆转的趋势。不是每一个人都该被鼓励去创办企业，但任何人都需要接受创业教育，因为创业教育传递的是一种普适的创业精神。不是所有的大学都该对创业转型趋之若鹜，但创业转型应该成为众多大学的目标追求，因为创业型大学以卓越的学术成果商业化促进社会经济发展，培育的是创业文化。创业、创业教育、创业型大学的相互依存和良性互动，促进社会经济文化的发展，创业教育和创业型大学呼唤的是创业精神和创业文化。

随着 1949 年第一本焦点关注创业者的杂志"创业历史探索"（Exploration in Entrepreneurial History）在哈佛大学创刊，创业教育研究逐步进入美国学界视野。多年的岁月已经将创业教育研究孕育为成千上万学者焦点关注的沃土，从美国到欧洲，再传遍世界每一个接受教育"沐浴"的阳光地带。

迄今为止，有关创业教育的学术论文、杂谈议论、论著、期刊、研究中心、学术团体、创业计划大赛等铺天盖地，创业教育实践也从高等教育扩展到几乎所有层次、所有类型的学校。总之，创业教育及创业教育研究都是毋庸置疑的社会热点。

美国高等学校创业教育的研究全景是从创业教育产生的背景、原因、实施途径、保障体系及影响效应到创业效果等系统展开的，对创业的学术研究文中多次提及创业教育的核心是创新，创新的动力源自学术卓越，唯有学术卓越方能推动技术创新，唯有基于技术创新的创业才有生命力和竞争力。基于心理学的创业倾向意愿研究提到创业教育推动学生的创业倾向和创业信心，而"倾向"和"信心"是与心理学相关的范畴，需要从心理机能的角度深入解读才能令人信服。

创业与教育的关联研究表明，尤其美国创业教育经验研究表明，推动经济发展的因素是创业教育与教育中的创业的相互结合。美国的创业教育是成功的，美国的创业教育推动了其经济的发展。中国和美国的教育环境差异较大，这主要表现在制度环境、经济环境、人文环境等。我们移植美国的成功模式时，一定须做出相应调整，即本土化，进而不断完善高校创业教育体制和机制的改革，培养出优秀的创业人才，以促进我国经济发展模式的转型升级，实现我国经济持续健康的发展。

从单纯的创业教育到创业型大学的建设，世界各国对创业教育的认识不断深入，对创业教育的重视程度不断加强。在国家层面，制定创新创业教育发展战略，动员全社会的力量支持创业教育的发展，以国际化的视野，高瞻远瞩，积极制定与完善相关的法律及政策为促进创业教育的发展及具体实施筑就良好的基础及社会氛围。在高等教育层面，各高校立足本校的实际环境及基础，切实加强创业教育的师资团队建设，改进教学教育方法，提高对创业教育的投入，注重处理好与社会及企业的关系，为学生提供理论联系实际的创业平台，重视在实践中培养和锻炼学生，使创新创业的精神深入每个学生的心灵，不论他们以后是否真正投身创业之中，都能够拥有创新创业的企业家精神，都能够在自己的人生之路上披荆斩棘所向无敌。

参考文献

［1］［美］彼得·德鲁克. 创新与创业精神［M］. 张炜译，上海：上海人民出版社，2002.

［2］白湘瑜. 新时期大学生创业教育与专业教育耦合研究［J］. 才智，2019（15）：179.

［3］毕晓彬. "互联网＋"视域下高校创新创业教育与专业实训教育的融合研究［J］. 计算机产品与流通，2019（7）：202－203.

［4］伯顿·克拉克. 建立创业型大学：组织上转型的途径［M］. 北京：人民教育出版社，2000.

［5］才忠喜，王也. 高校"双创"型人才培养模式的构建［J］. 西部素质教育，2019，5（10）：184＋186.

［6］常宏斌，李素云. "广谱式"创新创业教育的体系架构与理论价值研究［J］. 科技资讯，2017，15（1）：166－167.

［7］陈昌平，林莉. 高校创新创业教育指导教师发展问题研究［J］. 淮海工学院学报（人文社会科学版），2019，17（6）：121－124.

［8］陈成文，孙淇庭. 大学生创业政策：评价与展望［J］. 高等教育研究，2009（7）：24－26.

［9］陈瑞洋，卓高生. 2001～2018 年我国创业教育领域热点知识图谱研究［J］. 中国大学生就业，2019（10）：34－40.

［10］陈小娜. 雄安新区视域下保定地方本科高校创新创业教育发展研究［J］. 智库时代，2019（24）：63＋67.

［11］陈忠平．高校大学生创业教育的体系与方法的探究［J］．世纪桥，2019（5）：60 – 61．

［12］刁衍斌，罗嘉文，于玺．新工科体验式创业人才培养模式的探索［J］．科技管理研究，2019（10）：120 – 124．

［13］董力萌，董鹏中．宾夕法尼亚大学创新工厂对我国高校孵化器建设的启示［J］．吉林工程技术师范学院学报，2019，35（5）：14 – 16．

［14］范巍，王重鸣．创业倾向影响因素研究［J］．心理科学，2004（5）：1087 – 1090．

［15］房欲飞．大学生创业教育的内涵及实施的意义［J］．理工高教研究，2004（4）：76 – 78．

［16］高萍．高校辅导员创新创业教育能力提升的策略探析［J］．吉林工程技术师范学院学报，2019，35（5）：1 – 3．

［17］葛凌桦，陈德虎，王勇能．大学生创业精神及其培育路径探析——以浙江理工大学为例［J］．浙江理工大学学报（社会科学版），2019（3）：303 – 308．

［18］耿丽微等．高校大学生创新能力培养与创业教育研究［M］．北京：电子科技大学出版社，2017．

［19］辜胜阻，肖鼎光等．完善中国创业政策体系的对策研究［J］．中国人口科学，2008（1）：10 – 18．

［20］郭宇，牛慧，朱学荣．高校创新创业教育共同体的系统性价值［J］．黑龙江教育学院学报，2019，38（5）：16 – 18．

［21］何晶晶．高校创新创业教育与思想政治教育融合开展路径探索［J］．学周刊，2019（20）：6．

［22］洪宝仙．地方高校创新创业导师队伍建设现状及对策分析——以宁波工程学院为例［J］．黑龙江生态工程职业学院学报，2019，32（3）：83 – 85．

［23］胡瑞．新工党执政时期英国高校创业教育研究［D］．杭州：浙江大学，2012．

［24］黄赐英. 实践性课程：开展创业教育的重要途径［J］. 黑龙江高教研究，2006（1）：147 – 149.

［25］黄兆信，罗志敏. 多元理论视角下高校创业教育的发展策略研究［J］. 教育研究，2016，37（11）：58 – 64.

［26］黄兆信，宋兆辉. 高校创业教育面临三大转向［J］. 教育发展研究，2011（9）：45 – 48.

［27］黄兆信等. 众创时代高校创业教育的转型发展［J］. 教育研究，2015（7）：34 – 39.

［28］姜晶晶. "双创"背景下民办高校旅游管理专业教学改革的实施路径［J］. 智库时代，2019（24）：47 + 51.

［29］金文国，王以雷. 高校创新创业教育改革的困境与实施路径探讨［J］. 卫生职业教育，2019，37（10）：4 – 6.

［30］康建军，季仕锋，王道峰. 基于大创业教育观的质量评价：理念、逻辑与维度［J］. 教育与职业，2019（10）：56 – 62.

［31］李春琴. 中国创业教育十年研究回顾与展望［J］. 社会科学战线，2010（9）：199 – 203.

［32］李景旺. 探讨高校创业教育课程体系的构建［J］. 教育与职业，2006（18）：22 – 24.

［33］李伶利. 基于网络平台的大学生创新创业翻转教学模式研究［J］. 科技风，2019（14）：59.

［34］李平. 创业教育与经济发展的互动关系研究［J］. 中外企业家，2010（7）：111 – 112.

［35］李尚群，刘强. 创业教育：价值功能与时代意义［J］. 教育评论，2008（1）：66 – 68.

［36］李伟铭，黎春燕，杜晓华. 我国高校创业教育十年：演进、问题与体系建设［J］. 教育研究，2013，34（6）：42 – 51.

［37］李雪莲，曹丽. "互联网 +"背景下地方本科院校大学生创新创业教育发展路径［J］. 西部素质教育，2019，5（10）：85 – 86.

［38］李悦，张凤涛，王锐．地方本科高校机械类专业创新创业实践教学体系研究与实践——以长春师范大学工程学院为例［J］．吉林工程技术师范学院学报，2019，35（5）：10－13.

［39］李兆楠．高校大学生劳动就业与创新创业教育探析［J］．西部素质教育，2019，5（10）：80－81.

［40］李政，邓丰．面向创业型经济的创业政策模式与结构研究［J］．外国经济与管理，2006（6）：26－33.

［41］李志永．日本高校创业教育研究［D］．杭州：浙江大学，2011.

［42］刘常勇．创业管理的12堂课［M］．北京：中信出版社，2002.

［43］刘建钧．创业投资——原理与方略［M］．北京：中国经济出版社，2003.

［44］刘丽萍．民办高校创新创业教育发展及模式研究［J］．现代商贸工业，2019（20）：93－94.

［45］刘沁玲．知识创业论［M］．西安：陕西科学技术出版社，2004.

［46］刘荣江．高校创新创业教育课程的研究与改进［J］．湖北开放职业学院学报，2019，32（10）：5－6.

［47］刘志．大学生创业伦理培育的价值、内涵及进路［J］．中国高教研究，2019（5）：64－69.

［48］刘铸，张纪洪．大学生创业教育的基本功能与重要意义［J］．中国高等教育，2010（18）：45－46.

［49］陆玉蓉．国外创业教育发展模式及其启示［J］．高教学刊，2019（11）：36－38.

［50］马天瑜，李阳，陈会珍，彭青．我国一流大学创新创业教育改革特点与反思［J］．价值工程，2019，38（15）：161－163.

［51］马永斌，柏喆．大学创新创业教育的实践模式研究与探索［J］．清华大学教育研究，2015，36（6）：99－103.

［52］毛家瑞．关于创业教育的若干问题［J］．教育研究，1992
（1）．

［53］梅伟惠，徐小洲．中国高校创业教育的发展难题与策略［J］．
教育研究，2009，30（4）：67－72.

［54］梅伟惠．美国高校创业教育研究［D］．杭州：浙江大
学，2009.

［55］莫树培，刘伟斌．供给侧改革视角下地方高校创新创业教育路
径研究［J］．五邑大学学报（社会科学版），2019，21（2）：88－91＋
94.

［56］木志荣．我国大学生创业教育模式探讨［J］．高等教育研究，
2006（11）：79－84.

［57］欧阳茹．高校创业教育的目标定位与发展路径［J］．黑龙江教
育学院学报，2019，38（5）：13－15.

［58］潘剑峰．加强创业教育一培养大学生创业能力中国高教研究
［J］．中国高教研究，2002（2）：61－62.

［59］彭刚．创业教育学［M］．南京：江苏教育出版社，1995：87－
88.

［60］彭万秋．基于新木桶理论的高校辅导员创新创业教育能力建设
探究［J］．智库时代，2019（24）：205－206.

［61］秦敏，郑涛，韩洲雄．关于市场环境下高校创新创业课程教学
模式的研究［J］．中外企业家，2019（15）：177－178.

［62］屈颖．新时代我国高校创业教育转型发展路径研究［J］．长春
师范大学学报，2019，38（5）：152－154.

［63］任路瑶，杨增雄．创业教育：第三本教育护照——国外创业教
育研究综述［J］．教育学术月刊，2010（11）：17－20.

［64］石丹林，谌虹．大学生创业理论与实务［M］．北京：清华大学
出版社，2012.

［65］宋松，夏春晓，徐静，武杰．基于岗位双创的高校创新创业教

育模式的探讨［J］．赤峰学院学报（汉文哲学社会科学版），2019（5）：158－160．

［66］孙琳芳，巩磊．山东省大学生创业教育现状研究［J］．才智，2019（14）：6－7．

［67］谭超，王海棠．应用型本科院校创业教育与专业教育交叉融合研究［J］．湖南工程学院学报（社会科学版），2019，29（2）：102－105．

［68］汤越，王媛媛，时一菲，王天宇．创业教育与大学生创业能力——基于扬州大学调研数据的实证分析［J］．智库时代，2019（21）：44＋46．

［69］万瑞．将创新创业教育融入高校思想政治教学探究［J］．智库时代，2019（24）：95－96．

［70］王丹丹．普通高校人文艺术学科创业教育思考［J］．黑龙江教育（高教研究与评估），2019（5）：52－53．

［71］王洪义，郑雯，何晓蕾，杨凤军，魏金鹏．农科类高校创新创业教育师资队伍建设研究［J］．现代园艺，2019（11）：173－175．

［72］王佶宁．辽宁省民办高校创新创业教育优化研究［J］．现代交际，2019（10）：140＋139．

［73］王磊磊，徐婷婷．"第二课堂成绩单"制度下大学生创业教育发展探赜［J］．黑龙江教育（理论与实践），2019（6）：40－42．

［74］王淑涨．产教融合视域下创业教育实践体系的构建［J］．中国商论，2019（10）：226－228．

［75］王素侠．创新创业导向下经管类课程重构与优化研究——以安徽省应用型本科院校为例［J］．赤峰学院学报（汉文哲学社会科学版），2019（5）：150－154．

［76］王心焕，薄赋徭，雷家骕．创业教育对大学生创业意向的影响研究——兼对本科生与高职生的比较［J］．清华大学教育研究，2016，37（5）：116－124．

［77］王艳，陈江春．地方高校创新创业教育体系的构建［J］．西部素质教育，2019，5（10）：88－89．

［78］王艳娟．供给侧结构性改革背景下民办高校创新创业的路径研究［J］．现代营销（信息版），2019（6）：79－80．

［79］王占仁．"广谱式"创新创业教育的体系架构与理论价值［J］．教育研究，2015，36（5）：56－63．

［80］吴方．高校创新创业教育建设的路径探索［J］．课程教育研究，2019（21）：256．

［81］吴洪明，韩西．工科类硕士研究生创业现状与创业教育对策研究——与艺术类研究生比较［J］．大学教育，2019（6）：172－174．

［82］夏春雨．大学生创业教育的实践与思考［J］．江苏高教，2004（6）：106－108．

［83］向春，雷家骕．大学生创业态度和倾向的关系及影响因素——以清华大学学生为研究对象［J］．清华大学教育研究，2011，32（5）：55－55．

［84］向春．创业型大学的理论与实践［J］．高等工程教育研究，2008（4）：72－75．

［85］向辉，雷家骕．大学生创业教育对其创业意向的影响研究［J］．清华大学教育研究，2014（2）：120－124．

［86］向辉，雷家骕．基于ISO模型的在校大学生创业意向［J］．清华大学学报（自然科学版），2013（1）：122－128．

［87］谢平娟，邓振华．应用型高校实施创新创业教育存在的问题及对策分析［J］．北京财贸职业学院学报，2019（3）：50－55＋24．

［88］熊伟．大学生创业政策体系的构建框架与实施模式［J］．陕西教育学院学报，2009（3）：18－23，90．

［89］徐华平．试论我国高校的创业教育［J］．中国高教研究，2004（2）：70－71．

［90］徐瑾．基于要素体系的大学生创业素质提升研究［J］．湖北开

放职业学院学报，2019，32（10）：7-8.

［91］徐小洲，叶映华．大学生创业认知影响因素与调整策略［J］．职教论坛，2010（28）：83-88.

［92］徐小洲等．中国高校创业教育［M］．杭州：浙江教育出版社，2010.

［93］鄢波，杜军．高校创新创业教育的模式及路径研究［J］．现代商贸工业，2019（21）：198-199.

［94］杨文燮．高校创业教育的内涵探究及发展展望［J］．高教学刊，2019（11）：48-51.

［95］叶映华．大学生创业意向影响因素研究［J］．教育研究，2009（4）：73-77.

［96］殷朝晖，龚娅玲．美国加州大学洛杉矶分校构建创业生态系统的探索［J］．高教探索，2012（5）：67-70，112.

［97］游振声，徐辉．多样化推进：美国高等学校创业教育途径探析［J］．比较教育研究，2010（10）：61-66.

［98］俞慧娜，王永辉．中医药院校学生创新创业教育的探索与实践——以浙江中医药大学为例［J］．中医药管理杂志，2019，27（10）：12-14.

［99］袁怡为，张文鹏．基于高校内部经济循环体系下的大学生创新创业模式构建研究［J］．智库时代，2019（24）：35+49.

［100］曾成．高校创业教育目标及其实现［D］．长沙：中南大学，2007.

［101］张宝强．论完善高校创新创业教育生态系统应把握的四个维度［J］．河南教育（高教），2019（5）：102-106.

［102］张宏军．大学生创业教育发展的困境及对策［J］．教育探索，2010（4）：65-68.

［103］张劲松，李沐瑶，谭萌萌．创新创业教育与应用型专业教育的契合研究［J］．商业会计，2019（10）：124-126.

［104］张俊杰，杨利.基于 QFD 理论的应用型高校大学生创业能力影响因素分析及提升策略［J］.现代教育科学，2019（5）：123－127.

［105］张茉楠.面向创业型经济的政策设计与管理模式研究［J］.外国经济与管理，2007（2）：73－79.

［106］张睿，王德清.我国高校创业教育存在的问题及建议［J］.教育研究，2008（7）：128－129.

［107］张苏婷，潘玥.基于 SPOC 的高校就业创业教育教学改革探索与实践［J］.教育与职业，2019（10）：63－67.

［108］张文武.论创业教育的意义及实施［J］.中国成人教育，2006（1）：47－48.

［109］张玉利，聂伟，杨俊，薛红志等.中国创业研究与教育的新进展——创业研究与教育国际研讨会综述［J］.南开管理评论，2006，9（3）：109－112.

［110］赵修文，马力."广谱式"创新创业教育研究［J］.继续教育研究，2015（12）：24－26.

［111］赵志军.关于推进创业教育的若干思考［J］.教育研究，2006（4）：71－75.

［112］周闻峥，戴永清.论高职院校学生党建工作与创新创业教育融合的积极作用［J］.现代商贸工业，2019（21）：81－82.

［113］周营军.我国高校创业教育面临的问题及对策研究［J］.郑州大学学报（哲学社会科学版），2010（1）：174－176.

［114］朱红，张优良.北京高校创业教育对本专科生创业意向的影响机制——基于学生参与视角的实证分析［J］.清华大学教育研究，2014，35（6）：100－107.

［115］Ajzen I. The Theory of Planned Behavior［J］. Organizational Behavior and Human Decision Process，1991，50（2）：179－211.

［116］An Examination of Entrepreneurship Education in the United States［J］. George Solomon. Journal of Small Business and Enterprise Development,

2007 (2).

[117] Assessing the Impact of Entrepreneurship Education Programmes: A New Methodology [J]. Journal of European Industrial Training, 2006 (9).

[118] Boussouara M., Deakins D. Learning, Entrepreneurship and the High Technology Small Firm [J]. Proceedings of the Enterprise and Learning Conference, University of Aberdeen, 1998.

[119] Brazeal D., Herbert T. T. The Genesis of Entrepreneurship [J]. Entrepreneurship Theory and Practice, 1999, 23 (3): 29 –45.

[120] Norris F. Krueger, Michael D. Reilly, Alan L. Carsrud. Competing Models of Entrepreneurial Intentions [J]. Journal of Business Venturing, 2000 (5).

[121] Vangelis Souitaris, Stefania Zerbinati, Andreas Al – Laham. Do Entrepreneurship Programmes Raise Entrepreneurial Intention of Science and Engineering Students? The Effect of Learning, Inspiration and Resources [J]. Journal of Business Venturing, 2006 (4).

[122] Chao C. Chen, Patricia Gene Greene, Ann Crick. Does Entrepreneurial Self – efficacy Distinguish Entrepreneurs from Managers? [J]. Journal of Business Venturing, 1998 (4).

[123] Elaine C. Rideout, Denis O. Gray. Does Entrepreneurship Education Really Work? A Review and Methodological Critique of the Empirical Literature on the Effects of University - Based Entrepreneurship Education [J]. Journal of Small Business Management, 2013 (3).

[124] Colette Henry. Entrepreneurship Education Evaluation: Revisiting Storey to Hunt for the Heffalump [J]. Education + Training, 2015 (8/9).

[125] Etzkowitz H, et al. The Future of the University and the University of the Future: Evolution of Ivory tower to Entrepreneurial Paradigm [J]. Research Policy, 2000 (29).

[126] Bruce C. Martin, Jeffrey J. McNally, Michael J. Kay. Examining

the Formation of Human Capital in Entrepreneurship: A Meta – analysis of Entrepreneurship education outcomes [J]. Journal of Business Venturing, 2012.

[127] Fiet J. O. The Pedagogical Side of Teaching Entrepreneurship Theory [J]. Journal of Business Venturing, 2000 (a), 16 (1): 1 – 24.

[128] Gibb A. A. Do We Really Teach Small Business in the Way we Should? Proceedings of the Internationalising Entereprenueurship Education and Training Conference, Vienna.

[129] Herron L., Sapienza H. J., Smith – Cooke D. Entrepreneurship Theory form an Inderdisciplinary Perspective: Volume 1 [J]. Entrepreneurship Theory and Practice, 1991, 16 (2): 7 – 12.

[130] Sang M. Lee, Daesung Chang, Seong – bae Lim. Impact of Entrepreneurship Education: A Comparative Study of the U. S. and Korea [J]. The International Entrepreneurship and Management Journal, 2005 (1).

[131] Helena Lenihan, Mark Hart, Stephen Roper. Industrial Policy Evaluation: Theoretical Foundations and Empirical Innovations: New Wine in New Bottles [J]. International Review of Applied Economics, 2007 (3).

[132] Kuratko Donald F. The Emergence of Entrepreneurship Education: Development, Trends and Challenges [J]. Entrepreneurship Theory and Practice, 2005 (5): 1042 – 2587.

[133] Lüthje C, Franke N. The Making of an Entrepreneur: Testing a Model of Entrepreneurial Intent among Engineering Students at Mit [J]. R&D Management, 2010, 33 (2): 135 – 147.

[134] Miller A. New Ventures: A Fresh Emphasisi on Entrepreneurship Education [J]. Survey of Business, 1987, 23 (1): 4 – 9.

[135] Noel T W. Effects of Entrepreneurial Education on Intent to Open a Business: An Exploratory Study [J]. Journal of Entrepreneurship Education, 1998 (5): 3 – 13.

[136] Rachel S. Shinnar, Dan K. Hsu, Benjamin C. Powell. Self – effi-

cacy, Entrepreneurial Intentions, and Gender: Assessing the Impact of Entrepreneurship Education Longitudinally ［J］. International Journal of Management Education, 2014.

［137］ Sexton D. L. , Upton N. B. Entrepreneurship: Creativity and Growth ［M］. Macmillan: New York, 1991.

［138］ Shepherd D. A. , Douglas E J. Is Management Education Developing or Killing the Entrepreneurial Spirit? ［A］. Proceedings of the Internationalising Entrepreneurship Education and Training Conference, Arnhem, 1996, June.

［139］ Small Business Administration. The New American Revolution: The Role and Impact of Small Firms ［M］. Washington, D. C. : Small Business Administration, Office of Economic Research, 1998.

［140］ Sohumpeter J. A. The Theory of Economic Development: An Inquiry into Profits, Capital, Credit, Interest and the Business Cycle: Second ed. ［M］. Cambridge, Mass: Harvard University Press, 1936.

［141］ Georg Von Graevenitz, Dietmar Harhoff, Richard Weber. The effects of entrepreneurship education ［J］. Journal of Economic Behavior and Organization, 2010 (1).

［142］ Chun – Mei Chou, Chien – Hua Shen, Hsi – Chi Hsiao. The Influence of Entrepreneurial Self – Efficacy on Entrepreneurial Learning Behavior – Using Entrepreneurial Intention as the Mediator Variable ［J］. International Business and Management, 2011 (2).

［143］ James J. Chrisman, ed McMullan, Jeremy Hall. The Influence of guided Preparation on the Long – term Performance of New Ventures ［J］. Journal of Business Venturing, 2004 (6).

［144］ Christian Lüthje, Nikolaus Franke. The "Making" of an Entrepreneur: Testing a Model of Entrepreneurial intent Among Engineering Students at MIT ［J］. R&D Management, 2003 (2).

［145］ Tkachev A. , Kolvereid L. Self – employment Intentions among Russian Students ［J］ . Entrepreneurship & Regional Development, 2010, 11 (3): 269 – 280.

［146］ Jean – Pierre Bechard, Jean – Marie Toulouse. Validation of a Didactic Model for the Analysis of Training Objectives in Entrepreneurship ［J］ . Journal of Business Venturing, 1998 (4) .

［147］ Christopher L. Shook. Venture Creation and the Enterprising Individual: A Review and Synthesis ［J］ . Journal of Management, 2003 (3) .